松井大輔のサッカー
ドリブルバイブル

DVD 抜き技&魅せ技スペシャル

監修　松井 大輔

DAISUKE
MATSUI

PROLOGUE

仕掛けるのには勇気がいるだけど相手をかわせたときは最高に気持ちいい

子どもの頃、僕は近所の公園で毎日暗くなるまでボールを蹴り続ける“サッカーバカ”でした。スター選手の技をマネしながら、友達との1対1に夢中になっていた日々が、僕の原点です。

サッカーでは“仕掛け”の意識を高く持つことはとても大事。僕自身、シンプルにパスをつなぐ場面ではつなぎながら、仕掛けるチャンスがあれば、自分の武器である「ドリブル」で突破を狙っていくことを心掛けています。

どんどんコンパクトになっている現代サッカーでは、ドリブルで仕掛けるのは勇気がいるし、怖いと思う人もいるかもしれません。だけど、リスクを冒して、仕掛けてかわしたときは最高に気持ちいい。もちろん、最初からうまくはできません。そこであきらめずに何度も何度もトライすることが大事です。僕自身もそうやってうまくなってきました。

この本には、僕のスキルのすべてを詰め込んでいます。たくさんの人に練習や試合でチャレンジしてほしいですし、「サッカーって楽しい！」という気持ちを味わってもらえればうれしいです。

DAISUKE

MATSUI

超絶
テクニックに
ついてこれる

VOUS ETES PRETS?

本書では“日本屈指のテクニシャン”松井大輔の攻撃に関するスキルを完全網羅。松井の最大の武器であるドリブルを中心に、シュート、クロス、パスと実戦的かつおしゃれな42技が収められている。松井本人からのアドバイス、詳細なテクニカル図解によって、難度の高い技の数々を徹底解析。松井の攻撃スキルをマスターすれば、どんな相手が来ても怖くない！

か？

キレ味抜群の動きで、突破していく

TECHNIQUES DU DRIBBLE

超絶ドリブルテクニック

松井の最大の武器であるドリブルは、実戦的なベーシック編、松井自身が試合の中でまだ使ったことがない大技もあるスペシャル編の２部構成でたっぷりお届け。サイドで前を向いた状態だけでなく、相手を背負ったときや、ライン際に追い込まれたときなど、さまざまなシチュエーションを想定しているので、実戦で大いに役立つはずだ。

おしゃれに、華麗に、得点を奪う

TECHNIQUES DU SHOOT

超絶シュートテクニック

ゴール前のクロスをシンプルに合わせるだけでなく、フィニッシュに一工夫を加えるのが“松井流”だ。浮き球をコントロールしてからのボレーシュートやオーバーヘッド、ドリブルからターンしながらのシュートなど、おしゃれで華麗なシュートテクニックは必見。松井自身がこれまでに決めた伝説のスーパーゴールも再現している。

サイドをえぐり、チャンスメイク

TECHNIQUES DU CENTRE

超絶クロステクニック

ドリブルで突破しても、そこで終わりではない。サイドを崩したあとは、ゴール前にいる味方に合わせて正確なクロスボールを狙うことが大事になる。ここで失敗するとせっかくのドリブル突破も意味がなくなってしまう。クロスの蹴り方そのものではなく、主にクロスを上げるために効果的なドリブルテクニックを紹介していく。

相手の意表を突く芸術的なパス

TECHNIQUES DE PASSES

超絶パステクニック

Ｊリーグでプレーしていたころは「司令塔」とも呼ばれていたように、類いまれなるパスセンスも松井の魅力の一つだ。ドリブルで相手を引きつけて体の向きとは逆に出すノールックパスを得意とし、パス１本で決定的なチャンスを生み出す。ドリブル突破とパスを組み合わせることによって、相手にとってより危険な選手になれるはずだ。

CONTENTS

CHAPTER 1
超絶ドリブルテクニック [ベーシック編]

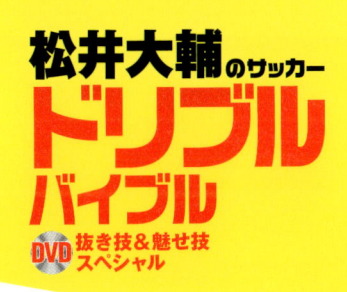

CHAPTER 2
超絶ドリブルテクニック[スペシャル編]

CHAPTER 3
超絶シュートテクニック

CHAPTER 4
超絶クロス&パステクニック

日本屈指のテクニシャン そのルーツを探る

フランスリーグで屈強なDFを相手にしても、
卓越したテクニックで観客を魅了する松井大輔。
彼の最大の魅力である攻撃的な姿勢と
創造力豊かなプレーはどのように培われたのだろうか？
日本、そして世界を沸かせる
“世界基準のファンタジスタ”のルーツを探っていく。

近所の公園での1対1が 僕のプレースタイルの原点

――まずは松井選手がサッカーを始めたきっかけを教えてください。

小学校３年生のときに近所に住んでいた友達のお兄さんがやっていたのがきっかけです。その友達もサッカーをやるということだったから、じゃあ僕もやろうかなと。それまではサッカー以外にもいろいろなことをやっていました。

――最初に入団したのは？

大宅スポーツ少年団というところです。当時は人数もたくさんいたし、けっこう強かった。関西の大会で優勝したこともあるぐらい。

――サッカーのどんなところが面白いと感じましたか？

自分１人でもできるところ。家の前の道路や近所の公園でリフティングをするのが好きでしたね。

――公園にはよく行っていたんですか？

ほとんど毎日のように行ってましたね。クラブは週２回しか練習がなかったんですよ。それ以外の日にもどうしてもサッカーをやりたいので、友達と一緒に行ったり、朝練をしたりしていました。

――公園ではどういうことをやっていたんですか？

基本的には友達との１対１。１人のときはリフティングや壁にボールを蹴るとか。それから、その当時「キャプテン翼」が流行っていたので、こういう技をやりたいなと思いながら練習していましたね。

――今の松井選手を形成する上では大きいもの？

うん、すごく好きでしたね、公園に行くのが。プロになってからも自分の中で悩みがあると公園に行くこともありましたし。僕にとっては自分を磨く場所であり、戻るべき場所です。

――ジュニア時代に意識的に取り組んでいたトレーニングはありますか？

毎日ボールに触ることかな。部屋でも小さいボールでリフティングをしたり。それ以外にも思いつく限りのことをやりましたよ。階段をリフティングしながら上がったり、目をつむってドリブルしたりとか。だけど、意識的というよりも、どうしてもボールを触りたかっただけなんですけどね。

DAISUKE MATSUI

中学・高校時代が人生の転機になった

——中学校に入ってから転校をしたそうですが。

地元の大宅中学校のサッカー部に入ったんですけど、熱心だった先生が入学直前に辞めてしまって、２年生になってからは指導者不在になってしまったんです。それからは練習でも自分たちでゲームをやるだけになって、サッカーが面白くなくなってしまった。そこで、しっかりしたところでサッカーがやりたいと親に伝えて、３年生の４月に転校しました。

転校したのは隣の藤森中学校という、僕の１つ上の代が全国大会で３位になった強豪。京都トレセンで教えてくれた先生もいるし、ここだったら自分を磨くことができると思ったんです。

——中学生の時点でそういう決断をできる人はあまりいないと思うのですが……。

そこは両親に感謝しています。自分のことを真剣に考えていてくれたんだなと思います。

——中学時代にはフランス留学もしていますが、当時から海外志向は強かったんですか。

中３の終わりにフランスのトップチーム、パリ・サンジェルマンの下部組織の練習に短期で参加しました。言葉なんて全然わからなかったのに１人で地下鉄やバスで練習場まで行ったことを覚えています。高校に入ってからブラジルも行ったんですけど、レベルの高い選手が何人もいてビックリしました。小さい頃から海外に行くのはすごくいいことだと思います。

——外国人選手とプレーすることで、日本でとは違うものを学べる？

その当時はあまりわからなかったんですけど、今思えばいい体験をさせてもらったなと思っています。

Photo:澤田仁典/アフロ

――そして高校では地元の京都から離れて鹿児島実業高校に進みましたが、これはどうしてだったのでしょうか。

高校入学前はいろいろなチームから誘われていたんですが、自分で体験しないとわからないじゃないですか。だから、そのチームのセレクションを受けるという形で回りました。魅力のあるチームに行きたかったんですよね。その中でココだと思ったんです。いちばん遠かったですけど（笑）。

――鹿児島実業のフィジカル重視のチームカラーと松井選手のテクニカルなプレースタイルは合わないようにも思うのですが……。

技術は小学校、中学校でつくもの。じゃあ、あとは何が必要かって思ったときに、中学校の指導者から「フィジカルだ」と言われたので、いちばんきつそうなところに行けば、何かを得られるんじゃないかなと。

――鹿児島実業では、どんな部分で成長したと思いますか？

練習が走りとフィジカルばっかりで本当にきつかったんですよ。サッカー以外のことが考えられないぐらい。そうやって自分をギリギリまで追い込むことによって、肉体的にも精神的にもタフになりました。中学校の転校と鹿実での3年間が、僕にとって転機になったと思います。

あきらめなかった選手にはいい未来が待っている

――プロになるという目標はいつ頃から持ち始めましたか？

高校2年生ぐらいでしたね、自分の中で現実味を帯びてきたのは。Jリーグのスカウトの方が見に来てくれたりして、そこから意識し始めました。

――Jリーグでは京都に入団しました。

京都でカズ（三浦知良）さんに出会えたのはすごく大きかったですね。プロとはどういうものかを教えてもらった。カズさんは言葉では何も言わないんだけど、態度で示してくれていろいろなことを感じました。

――子どもの頃あこがれていた選手は？

カズさんもそうだし、ストイコビッチもすごく好きだったんです。彼のプレーに影響されて“ヒール狂”というか、何かとヒールを使ったワザを研究したりしていましたね。

――自分の好きな選手のプレーをマネしていたんですね。

マネから僕は全部始めているので。いろいろ

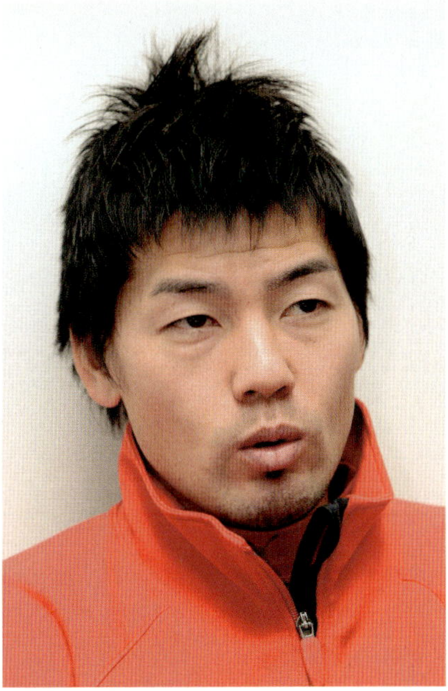

な選手のマネをして、盗んで、今の自分ができたと思っています。

——松井選手は実際のプレー以外にマンガのワザにもトライしていたということなんですが。

マンガはいろいろなものを読みましたね。数え切れないほど。だけど、小学校のときは全然できなかったんです。今大人になって、だんだんできるようになってきたので、あのとき読んでおいてよかったなと思っていますね（笑）。

——新しいフェイントというのは、どうやって思いついているんですか？

ボールに触って頭の中にイメージしながらという場合もありますけど、映像で見たものからイメージを膨らませることが多いですね。いろいろな選手のプレーやマンガを見たり。それを自分の色にしていくという感じですかね。

——うまくなるためには大事なのは練習量ということでしょうか？

小学校のときは１人でボールに触る時間がすごく多かったので、それは大事なことだと思いますね。

——どうすればプロ選手になれるのか、アドバイスをお願いします。

「プロ選手になりたい」という目標を持って毎日を過ごしてほしいです。誰でも限界はあるかもしれないけど、努力すれば限界を超えられるときが来るかもしれない。僕は途中でめげる人を何人も見てきたし、ものすごくうまかったのに中学校、高校であきらめてダメになった選手を見てきている。だけど、あきらめなかった選手には、きっといい未来が待っていると思うんです。

——最後に、この本を読んでいる人にどんなことを伝えたいですか？

サッカーは本当に楽しいんだよ、ということ。１人でも何人でもできるのがサッカー。楽しい心を忘れずにプレーしてほしい。今のサッカーはすごくコンパクトになっているけど、その中で何ができるかを考えていく。

子どもの頃に感じた「サッカーは楽しい」という気持ちを大きくなっても持ち続けてほしいです。

松井大輔ヒストリー

世界基準のファンタジスタの軌跡

＜年表＞

1981年	5月11日	京都府京都市に生まれる。
1988年	4月～	大宅小学校に入学。小学３年生のとき、大宅スポーツ少年団でサッカーを始める。小学６年生のときにはキャプテンを務める。

写真右が松井選手。小学生の頃、
大宅スポーツ少年団に所属。

少年時代からドリブルでの１対１に
こだわりがあった。

1994年	4月～	大宅中学校に入学。京都府新人戦で優勝。
1996年	4月～	藤森中学校に転校。牧戸万佐夫監督のもとで指導を受ける。中学３年生の終わりに、フランスのパリ・サンジェルマン（PSG）にて短期間のサッカー留学を体験する。
1997年	4月～	鹿児島実業高校に入学。第78回全国高校サッカー選手権大会では、国見戦をはじめ随所にファンタスティックなプレーを見せ、チームを準優勝に導いた。
2000年		京都パープルサンガ加入。ルーキーながら22試合に出場し、Jリーグ優秀新人賞を受賞する。
2002年	1月	攻撃サッカーの主軸として、京都パープルサンガを天皇杯優勝に導く。
2002年	4月	プロサッカー選手として活動する一方で、立命館大学経営学部に入学する。
2002年	5月	トゥーロン国際大会（U-21日本代表）で、ベストエレガントプレイヤー賞を受賞した。
2003年	6月22日	FIFAコンフェデレーションズカップのコロンビア戦にて日本代表デビュー。

THE HISTORY OF DAISUKE MATSUI

2004年		アテネオリンピックでは、U-23日本代表の10番を背負った。
2004年	9月～	フランスリーグのル・マン（当時 2 部）にレンタル移籍。チームの 1 部昇格の立役者となり、『le soleil du Mans（ル・マンの太陽）』と呼ばれる。その後、ドリブルを中心とした攻撃力を武器に、レギュラーとして定着。
2005年	10月23日	ストラスブール戦で、フランス 1 部リーグ初ゴール。鮮やかで華麗なるミドルシュートが炸裂した。
2005年	11月16日	キリンチャレンジカップ2005のアンゴラ戦で、日本代表初得点を記録する。試合終了間際、ヘディングで決勝点を奪った。
2006年	1月	フランス 1 部リーグにて、月間MVPを受賞。日本人選手初の栄冠に輝く。
2006年	5月	ドイツワールドカップでは、出場が有力視されていたものの、メンバーから落選。
2008年	5月～	ASサンテティエンヌに移籍し、レギュラー争いに身を投じる。熱狂的な地元ファンから、大きな期待を集めている。

Photo:PanoramiC/アフロ

各国のクラブからオファーが寄せられる中、フランスの名門、ASサンテティエンヌに移籍。
フランス国内で注目される存在となっている。

DVDの使い方

超絶テクニックを身につけろ!!

完全撮り下ろし映像50分

付属DVDでは、松井大輔の技のすべてを映像によって解説していきます。本書でのスキル紹介ページと連動していますので、DVDと書籍を併用しながら、超絶テクニックを徹底解析し、自分のモノにしてください。

ALL PLAY
最初からすべての映像を通して見ることができます。

プロローグ
松井選手からのコメントを聞くことができます。

CHAPTER1〜4
各チャプターのメニュー画面に移ります。

エピローグ
松井選手から読者への熱いメッセージ。

スペシャルインタビュー
松井選手のインタビュー映像を収録しています。

〔付録DVDに関する注意〕

本書付録のDVDはDVD－VIDEO(映像と音声を高密度で記録したディスク)です。DVD-VIDEO対応のプレーヤーで再生してください。DVD再生機能を持ったパソコン等でも再生できますが、動作保証はできません(パソコンの一部機種では再生できない場合があります)。不都合が生じた場合、小社は動作保証の責任を負いませんので、あらかじめご了承ください。

ディスクの取り扱いや操作方法は再生するプレーヤーごとに異なりますので、ご使用になるプレーヤーの取り扱い説明書をご覧ください。

本DVDならびに本書に関するすべての権利は、著作権者に留保されます。著作権者の承諾を得ずに、無断で複写・複製することは法律で禁止されています。また、本DVDの内容を無断で改変、第三者へ譲渡・販売すること、営利目的で利用することも法律で禁止されております。

本DVD、または本書において、乱丁・落丁・物理的欠陥があった場合は、小社までご連絡ください。

CHAPTER 1

超絶ドリブルテクニック［ベーシック編］

松井大輔のドリブルテクニックの中から、実戦的な技を中心に紹介。試合で実際に使用した技が多いので、じっくりと見てみましょう。

CHAPTER 2

超絶ドリブルテクニック［スペシャル編］

まだ試合で使っていない技など、より高度なドリブルテクニックを収録しています。スロー映像でも追いきれない、驚愕の技の数々!!

CHAPTER 3

超絶シュートテクニック

おしゃれなシュートテクニックを中心に初公開技も含めて紹介しています。魅せることを意識した大技が炸裂します。

CHAPTER 4

超絶クロス＆パステクニック

フェイントから揺さぶりをかけてのクロステクニックと、相手が予測できない“ヒールパス”を中心としたパステクニックを紹介。

本書の使い方

ドリブル・シュート・クロス&パスといったスキル紹介ページの使い方を説明します。
松井大輔の超絶テクをしっかりとイメージして、実戦でぜひ試してみてください。

1 映像を見る！

DVDマークがあるプレーは、すべて映像で確認できます。本書と併用することで、動きがわかりやすくなります。

2 難易度、実戦度、おしゃれ度

難易度は習得するための難しさを、実戦度は試合での使いやすさを、おしゃれ度は技の華麗さを、各5段階で表示しています。

3 内容をチェック

各スキルに関しての説明と、実戦で使えるようにするためのポイントを解説しています。

4 動きを知る!!

連続写真で、技の動きがわかります。CHECKマークの写真は、一番注目したい動きを示しています。

5 松井大輔からのアドバイス！

松井大輔が実際の試合での経験などを踏まえて、各スキルを習得するためのアドバイスをしてくれます。

6 テクニカル解析!!

どのように動いているのかが、よくわかるように、全身、足元、別アングルといった連続フォトで、細かく解析します。

7 スキル発動エリア

各スキルをどこのエリアで使用すれば、効果的なのかを、徹底図解。ドリブルやパス、相手DFの動きもわかります。

CHAPTER 1

超絶ドリブルテクニック

ベーシック編

AU SOMMET DU DRIBBLE

ドリブルを極める

ベーシック編

松井が試合中によく使うテクニックを集めたベーシック編には、明日からでも使えるものがたくさんある。松井がドリブルで大事にしていることや、実戦での具体的な注意点をアドバイス。これを参考にして練習してみよう。

相手をだますために駆け引きをする

ドリブルでいちばん大事なのは相手との駆け引きだ。ステップするのも、ボールをまたぐのも、浮かせたりするのも、すべては相手をだますためにやっているわけだからね。

僕自身は、子どもの頃はストイコビッチのマネをしてキックフェイントばかりやっていた。ボールを蹴ると見せかけて、逆方向に切り返して相手をかわす。これが決まるのが最高に気持ちよかった（笑）。

だけど、何度も同じようなフェイントをやっていると、当然相手も読んでくる。「どうせ切り返してくるんだろう」ってね。そこで相手をどうやってだませるか、アイデアをひねり出した。それが新しいフェイント技の開発につながっていった。

ドリブルをするとき、常に頭の中にあるのは、いかに相手の重心の逆を突くか。

相手の重心が寄ったほうの逆へボールを運べば、数センチ横にボールがあっても相手は足を出せない。一瞬だけど突破コースが生まれ、抜き去っていける。だけど、相手の重心がかかっているほうにボールを運んでしまうと、相手に先に回り込まれて取られてしまう。

みんなにお願いしたいのは、技をただマネするんじゃなくて、「この技はどういう目的で使うものなのか」ということまで考えてほしいということ。そこがわかっていないと“魅せる”だけのワザになって、効果が薄くなってしまうからね。

いい選手には アドリブ力がある

1対1でDFを前にしたとき、突破コースを頭の中に何個ぐらい思い描けるだろうか？　相手のどこを突破するかという選択肢は、たくさんあればあるほうがいい。

基本的な左右のコースだけじゃなくて、真ん中（股）を狙ってもいいし、頭の上を通すパターンもある。ボールを相手の左側に通して、自分は右側を通っていく「裏街道」のようなパターンもあるから、コースは何通りもあるということがわかるよね。

大事なのは相手の状況に応じてプレーを臨機応変に変えられるかどうかなんだ。

例えば、左からドリブルして縦に突破するというプレーでも、相手が縦のコースを消してきたのに突っ込んでいったらダメだよね。相手が縦に来たら中が空いているということなんだから、瞬時にカットインプレーに切り替える。そういう“アドリブ力”が大事になってくる。

ドリブルにこれが「正解」という答えはない。フェイントにしてもこういうふうにやったら、必ず相手はこう来るとは限らない。相手を片側に引き寄せるためにいろいろな技を駆使しないといけない。

それでも、自分の中で絶対に自信があるパターンはあったほうがいいと思う。この形に持ち込めば絶対にかわせるという武器があれば、ここぞというところで、1対1の勝負に勝つことができるはずだよ。

OFFENCE SKILL 01 ステップ系

電光石火のシンプル技

DVD収録

イナズマステップ

難易度　実戦度　おしゃれ度

右足の大ステップでスパーンとかわせ！

　ドリブルの基本となるのが、ステップを使ったフェイントだ。松井も１対１になったときに頻繁に使っている。ボールに触らない分、ミスが少ないので、スピードに乗っている状況で有効なフェイント技になる。

　右足をステップしてすぐに左足でボールを前に押し出して、縦に突破していく。左足を縦にステップして、中にカットインするという逆パターンも覚えておこう。

スキル 発動エリア -------- 左サイド

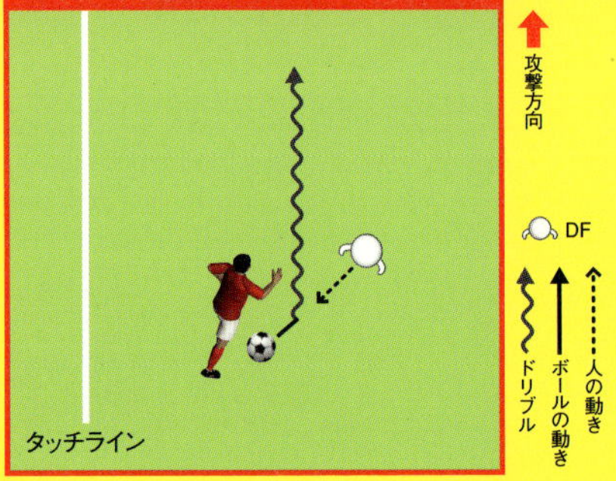

左サイドからドリブルで仕掛ける

DFとの距離をじわりじわりと詰めていく

右足を中方向に大きくステップする

DFの重心が左足に乗った瞬間を狙って……

DAISUKE'S ADVICE

スピードの緩急の変化でかわす 右ステップのあとの左足を早く

自分がスピードに乗っていて、DFが止まっている状況だと成功しやすい。このプレーで大事なのは、右ステップした後の左足を出す早さ。ここで時間がかかると、DFについてこられちゃうから、とにかく早く！　ただし、最初から縦突破するのがミエミエだと、DFは引っかからないので注意しよう。

DFに中へのドリブルを意識させるためには、軸足を中に向けておくと効果的。DFというのは攻撃側の選手の軸足や体の向きで次のプレーを予測する。それを逆手に取って、逆の情報を与えておけば、フェイントの成功率はグンと上がる。

TECHNICAL テクニカル解析 ANALYSIS

左足をボールの横に踏み込む

DFの重心を見極めながら……

左アウトでボールを縦につつく

DFを振り切り、次のプレーへ

OFFENCE SKILL 02 ステップ系

軽やかなステップでかわす

DVD収録

マツイサンバ

難易度　実戦度　おしゃれ度

小刻みなステップで相手DFを幻惑する

「イナズマステップ」（P24）の応用編。ボールに触らずに左右で交互に細かくステップを踏んで、DFを幻惑してから、一気にスピードアップしてDFを振り切る。

ここでは3回のステップでの突破を紹介しているが、ステップの回数は何回でもOK。DFの動きをよく見ながら、相手が飛び込んできたり、片足に重心が乗ったりした瞬間に突破しよう。

左サイドから正面のDFに向かっていく

ドリブルを仕掛ける間合いになったところで……

さらに右足ステップで相手DFを惑わす

DFの重心が片足に乗ったところで……

DAISUKE'S ADVICE

足だけじゃなく上半身も使って体と足のWフェイントにしよう

ステップフェイントで大事なのは、足だけじゃなく体全体を使ってオーバーに演技することだ。特に上半身を大きく揺らすのにはDFを惑わす効果がある。

そして、DFの動きをよく見よう。僕はDFの足と腰辺りを見るようにしている。ピクッと片側に動いた瞬間に、その逆方向にボールを運べば、DFは足を出せない。

TECHNICAL テクニカル解析 ANALYSIS

ボクシングに例えると、イナズマステップは１発KOを狙ったストレート、マツイサンバはジャブを組み合わせたコンビネーションのようなもの。１回目、２回目のステップでDFにジャブを打ち込み、３回目のステップと素早い縦突破でKOするイメージだ。

右足ステップを開始

次は左足ステップ

左アウトでボールを前に押し出す

一気にDFを置き去りにする

OFFENCE SKILL 03 またぎ系

大胆演技の縦またぎ

DVD収録

縦ステップオーバー

難易度 ■■□□□　実戦度 ■■■■■　おしゃれ度 ■■■■□

サイドで並走時が仕掛けどころ

　ドリブルで縦に突っかけていくが、横にはピッタリとDFが並走中。このDFをかわしたい！　というときにはコレ。
　前方のスペースにボールを蹴り出す……と見せかけて、ボールにはタッチせずボールの上をまたぐ。DFが慌てて縦のコースに飛び込んでくることで、DFのいたスペースへ突破する。縦またぎだけでなく、横またぎもレパートリーに持っておこう。

左サイドから縦方向にドリブルしていく

通常の位置より高い位置に左足をステップ

DFが縦へのドリブルを止めに飛び込んでくる

腰を低く落とし、左足を踏み込んでターン

DAISUKE'S ADVICE

ボールの前のほうに左足を踏み込む 体ごとボールを追い越す感じで

このプレーで大事なのは、「縦にドリブルしてくる」と、DFにどれだけ感じさせられるかどうか。ボールを切り返すまでは、体と目線は正面に向けておこう。

軸足（左足）はボールの前のほうに踏み込み、ボールを体全体で追い越す感じでまたぐ。オーバーアクションなくらい大きく動くのがコツだ。

右足のインサイドでタッチすると見せかけて、ボールには触らずに“空振り”する。ボールをまたいだ右足で急停止してから、左足の踏み込みで急発進していく。DFが足を伸ばしてきたら引っかからないように、斜め後ろに切り返す。

TECHNICAL テクニカル解析 ANALYSIS

縦にスピードアップして仕掛けると見せかけて……

体全体でボールを大きく前方にまたぐ

右アウトでボールを中に切り返す

DFと入れ替わって次のプレーへ

OFFENCE SKILL 04 またぎ系

足技版「あっちを向いてホイ」

DVD収録

ネオ・ステップオーバー

難易度 実戦度 おしゃれ度

DFの重心を左側に寄せおしゃれに切り返す！

右サイドからDFに向かっていき、左、左とボールをズラして、DFが左寄りになったところで、右から左にボールを大きくまたぐ。DFの重心が左側に乗った瞬間に、またぎ終わった右足でチョンと縦に切り返す。

ステップオーバーと右アウトタッチを同じ足で行うことで、プレーのテンポが早くなるので、DFとしてはタイミングがつかみづらい。

スキル 発動エリア -------- 右サイド

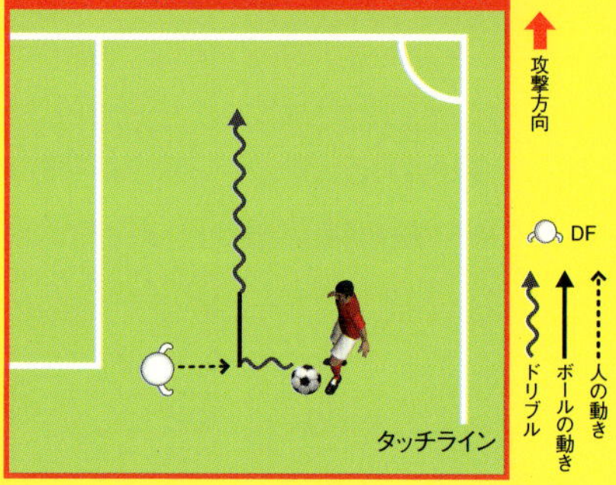

右サイドで正面のDFに近づいていく

DFとの距離が近づいてきたら……

体と目線の向きは中を向いたままで……

右アウトでボールを弾くようにして縦方向へ

DAISUKE'S ADVICE

片足立ちなのでバランスが大事 右アウトのタッチは弾き気味に

右ステップオーバー→右アウトタッチを「タン・タン！」という感じでリズムよく行うことが大事だ。タッチのところはちょっと弾くようにするとベター。スペースに大きめに出しても、DFと入れ替わった後の加速で引き離すことができる。片足立ちになるのでボディーバランスにも気をつけながらやってみよう！

TECHNICAL
テクニカル解析
ANALYSIS

軸足はボールの後ろに踏み込み、ボールを外→内に大きくまたぐ。右足を着地した次の瞬間、腰から下をひねりながら、右アウトでボールを縦方向に弾くようにタッチする。右足に体重を乗せながらタッチすることによって、かわした後の加速がしやすくなる。

右足でボールを外→内にまたぐ

DFの重心が左側に寄る

逆を突かれたDFはついてこれない

スピードアップして素早く次のプレーへ

OFFENCE SKILL 05 またぎ系

DVD収録

追い込まれてもノープロブレム！

背負いステップオーバー

難易度 ■■□□□　実戦度 ■■■■■　おしゃれ度 ■■■□□

背負った相手DFを揺さぶり、かわす

タッチライン際、コーナー付近、サイドライン際、DFがFWにプレスをかけられたとき――相手選手からのプレスを背中で受けたときに有効なのが、この技。

左→右にボールをずらしてから、大きくまたぐことで、DFにより深く追わせることができる。またぎ終わった左足を軸にして左回りにターン。腰のひねりを使って、素早くボールを次の場所に運び、追いかけてくるDFをかわしたい。

ペナルティーエリア近くでDFを背にした状態

自陣方向にボールを軽く動かす

またぎ終わった左足を軸に左回りにターン

右足でボールを前に押し出し、DFと入れ替わる

DAISUKE'S ADVICE

ボールをまたいで振り向いたら 2タッチ目でDFの前に入ろう

これは僕も試合中によくやるプレー。ボールをまたぐときの注意点は、自分の体の下でまたぐのではなく、体全体でボールを飛び越えるようにすること。そうしなければDFは引っかかってくれない。素早くターンして前を向いたら、縦にボールを運ぶだけじゃなく、2タッチ目でDFの前に入り込んで、追ってこれないようにしよう。

左→右のステップオーバーと、右→左のターン&タッチの組み合わせ。体を2回ねじるので体重移動をうまく行えるかが生命線だ。ボール2個分先にまたいだ足を着地させて、右足を回し込むための"遊び"の空間を作ることでボールをスムーズに運んでいく。

TECHNICAL テクニカル解析 ANALYSIS

このボールを左足で自陣方向に大きくまたぐ

DFがついてきたのを、間接視野で確認して……

次のタッチで中に運んで、追いかけてくるDFの前に入る

DFのコースを体でブロックして次のプレーへ

OFFENCE SKILL 06 またぎ系

サッカー版“猫だまし”

DVD収録

シザーストラップ

難易度　実戦度　おしゃれ度

DFの足を止める トリッキーな一工夫

味方からのパスをシザースしてトラップ。こういった、トラップ前の一工夫によって、相撲でいう“猫だまし”のようなDFを驚かせる効果が生まれる。

横パスを足元で止める雰囲気を出しておけば、DFはトラップしたところを狙おうとしてくる。そこでボールをまたぐことで、DFの足を止める。次の瞬間に、右アウトで前へ出れば、1発でDFと入れ替われる。

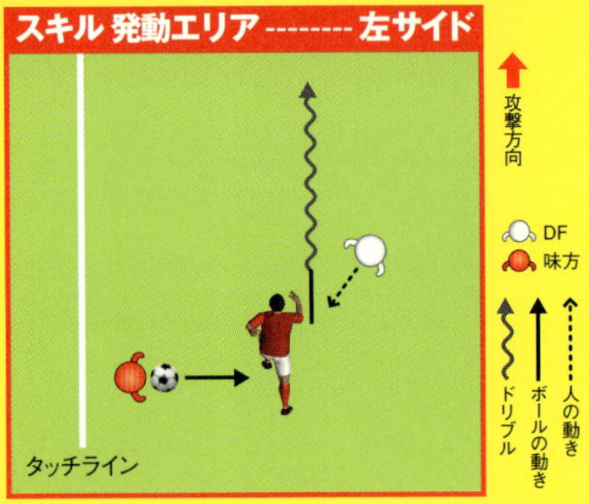

味方からグラウンダーの横パスが入ってくる

斜め前にDFが待ち構えている

右足のインサイドを前に出して……

左前方に切り返すようにトラップ

DAISUKE'S ADVICE

左足で止めるような雰囲気から グッと前に出て1発でかわそう

例えば、トラップで前に出ていこうとしたけど、ボールがちょっと弱かったりして、ジャストのタイミングじゃないときなんかに使える。ポイントはボールをまたぐときにちょっと止まること。背筋を伸ばしてDFに「ボールを止めるのかな」と思わせておけば、スパッと入れ替わることができるはずだよ。

パススピードに合わせて、ボールが体の真下に来るタイミングで走り込む。左足でトラップすると見せかけて触らずに、軽くジャンプしながら内→外にまたぐ。ジャンプの軸足だった右足で、体の前を通過してきたボールを縦に押し出して突破していく。

TECHNICAL テクニカル解析 ANALYSIS

ボールを足元に止めると見せかけて……

左足でボールが来る直前にまたぐ！

シザースに反応したDFは足が出せない

トラップ際でDFと入れ替わることに成功

OFFENCE SKILL 07 タッチ系

変幻自在の方向転換！

L字ターン

DVD収録

難易度 ■■■□□　実戦度 ■■■■□　おしゃれ度 ■■■■■

360度にターンできる足裏プレーのメリット

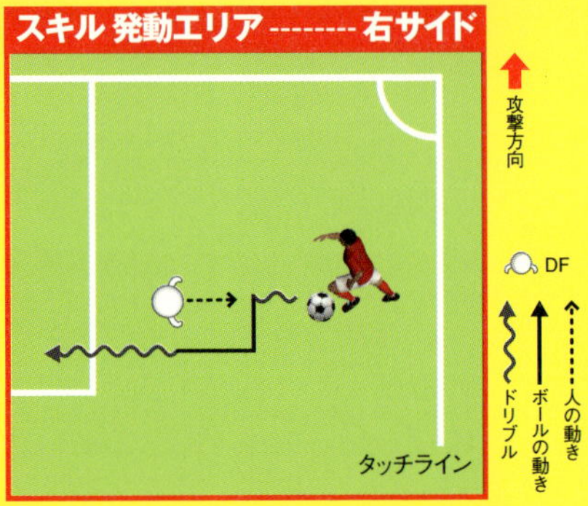

右からクロスを上げると見せかけて、足裏で引いたボールを軸足の後ろを通してかわす。足裏でボールを扱うメリットは、360度どこでもターンできること。ボールの感触を感じているから、顔を上げてプレーできる。

DFとの距離が近いときは、インやアウトで切り返すとDFにボールに触られてしまう危険性があるが、足裏を使えばボールを奪われる心配が少ない。

右サイド。ボールを右側に持ち出す

クロスを蹴るフェイクでDFを飛び込ませる

すぐさま左に動かし、軸足の後ろを通す

DFの背後にスペースができる

DAISUKE'S ADVICE

足裏でボールをグッと引くこと 軸足にぶつけないように注意！

このプレーはキックフェイントとセットでやると効果的だね。DFを飛び込ませて入れ替わるイメージだ。ポイントは足裏でつかんだボールをグッと後ろに引くところ。ここでの引きが弱いと、次のタッチにスムーズにつながらない。その次のタッチで軸足の後ろを通すときは、ボールを軸足にぶつけないように気をつけよう。

TECHNICAL テクニカル解析 ANALYSIS

スパイクシューズでボールを足裏でコントロールするのにはコツがいる。ボールが突起に当たって滑ってしまうこともあるので、ボールの上に足裏を乗せたら、がっちりとつかむ。右側に体重がかかったまま切り返すので、左側への重心移動を素早く行う。

足の裏でボールを押さえて……

そのまま自分の体の後ろまで引く

左アウトでボールを中へつついて……

スピードに乗って次のプレーへ

OFFENCE SKILL 08 またぎ系

足技の鉄板コンビネーション

DVD収録

マツイダンス

難易度	実戦度	おしゃれ度
■■■□□	■■■■■	■■■■■

実戦的＆おしゃれ 松井大輔の愛用技

足裏でボールをDFの前にさらして、DFが食いついてきたところで、シザースで揺さぶりを入れて、左アウトの縦突破で仕留めるというイメージ。

松井が試合中に好んでやるプレーの一つで、本人いわくロナウジーニョをマネしたとか。最初はマネから入っても、自分の武器にできるかどうかは練習量次第。何度も繰り返して滑らかにできるようになろう。

スキル 発動エリア --------- 左サイド

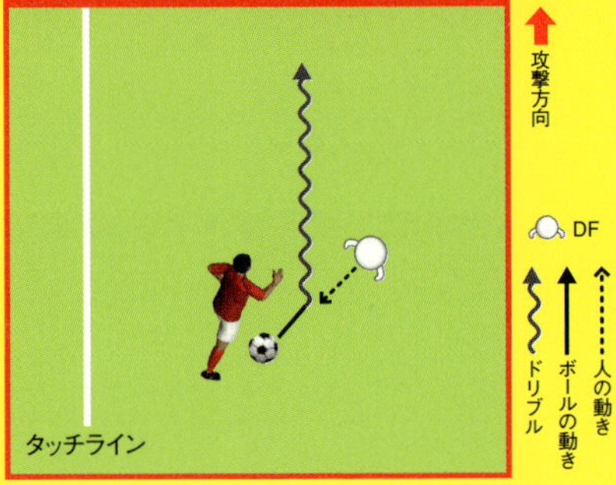

左サイド。1対1でDFに仕掛けていく

足裏でボールを縦に転がす

DFがシザースに食いついた瞬間を見逃さずに……

しっかりと右足を踏み込んで……

DAISUKE'S ADVICE

3つのプレーの連動性が大事だ 体で覚えるまで何度も練習して

これはロナウジーニョもよくやっていたんだけど、使いやすいので僕もよく使っている。右足裏、右シザース、左アウトという3つのプレーの連動性が大事だ。

これはとにかく何度も練習することだね。イメージトレーニングをしながら反復して体に覚えさせよう。ボールがなくても、足の動きだけを練習してもいい。

足裏でボールを前に転がしてから、右足で素早く逆方向にまたぐ。またいだ右足が着地すると同時に、逆足のアウトサイドでボールを押し出す。足裏で転がすところではゆっくり、シザース&左アウトは素早く、とスピードにメリハリをつける。

TECHNICAL
テクニカル解析
ANALYSIS

DFの体の動きをしっかり見る

右足で内→外にボールをまたぐ

左アウトでボールを縦方向にプッシュ

マークを振り切って次のプレーへ

OFFENCE SKILL 09 またぎ系

目の前の壁をすり抜けろ！

DVD収録

シザース股抜き

難易度 実戦度 おしゃれ度

突破コースは真ん中 シザースで股を空ける

DFの股が最初から空いているケースはほとんどない。だから、股抜きをするには、股を空けるための作業が必要になる。そこでシザース。DFの逆を突くために使うだけでなく、股を空けるという使い方も覚えておこう。

このプレーではボールをまたぐ前に、右アウトで縦に持ち出すような動きを入れている。「右に突破してくる」とDFに刷り込んだことで、シザースの効果がアップする。

スキル 発動エリア -------- 右サイド

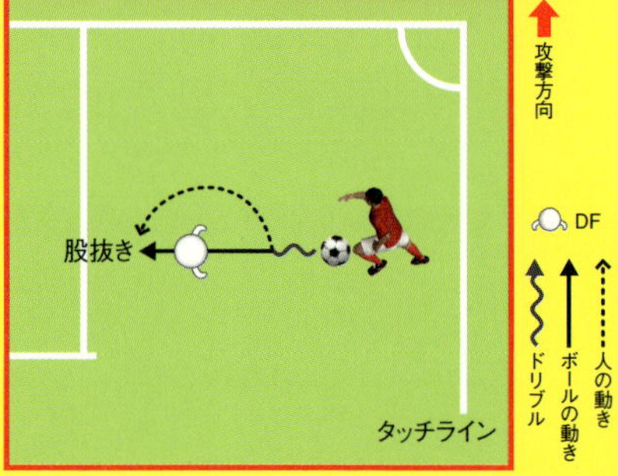

右サイドから正面のDFに向かっていく

右側にボールを持ち出すようなアクションを入れて……

左インでボールを前に押し出す

DFの股を通って背後のスペースに出る

DAISUKE'S ADVICE

またぐ方向にDFが動くことで股が空くので見逃さずに通そう

最初から左にかわすか、右にかわすかという２種類の選択肢しか頭の中にないと、股が空いた瞬間を狙えないので、常にDFの股が空くかどうかを気にしておこう。ただまたぐだけじゃなくて、右足でまたぎながら体も右側に運んで、「右に行くぞ」という雰囲気を強く出すことが、DFを引っかけるためのポイントだ。

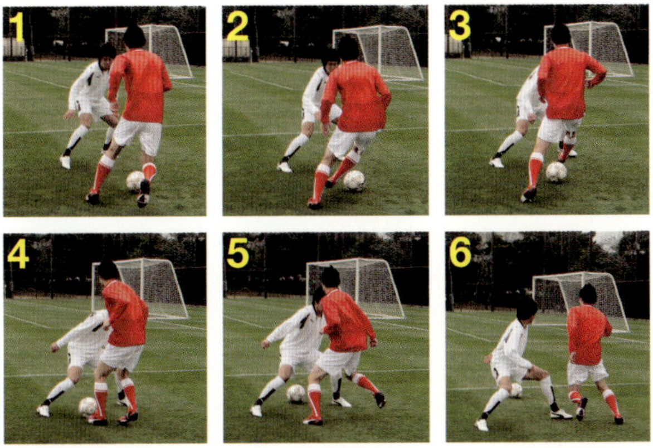

右足でボールをまたいでいるうちから、軸足の左足を前に運んできて、右足を着地する前か同時に左インでボールにタッチしている。またぎ終わってタッチすると、時間がかかる分、よけるときにDFに当たられてつぶされてしまうことがある。

TECHNICAL テクニカル解析 ANALYSIS

大きく内→外にボールをまたぐ

つられたDFの股が空いた瞬間を見逃さず……

DFの右側から背後に回り込む

ボールに追いつき、次のプレーへ

OFFENCE SKILL 10 またぎ系

スピードがなくてもOK

DVD収録

シザース裏街道

難易度 ■■■□□　実戦度 ■■■■□　おしゃれ度 ■■■■□

スピードのない選手にオススメの「裏街道」

「シザース股抜き」（P40）の別パターン。シザースで足は動いたけど、股は空いていないという場合は、ボールをDFの体の横を通し、自分はその逆側から回り込む、通称「裏街道」でかわす。

「裏街道」はスピードに自信のある選手が使うことが多いが、スピードがそれほどなくても、シザースでDFの重心を片側に寄せておけば、次の一歩で有利に立てる。

スキル 発動エリア --------- 左サイド

左サイド。DFは自分の真正面に立っている

左足をボールの前にステップ

左インでシザースに反応したDFの右足の外側にボールを通す

ボールはDFの左、体は右から回り込む

DAISUKE'S ADVICE

DFの体にぶつからないように ボールを出しながら体を逃がす

またいで右にいくと思わせたら、DFの左足が動く。そのときに股が空いていれば股を、空いていなければDFの右足の外側を通して裏通りにする。DFに球際まで詰めて来られて次のプレーができない……というときにとっさに出すことが多いかな。DFの体に当たらないように、横移動して体を逃がそう。

TECHNICAL テクニカル解析 ANALYSIS

股抜きはDFの体の真下を通すが、裏通りはより外側を通すので、体を左側に開いて蹴らないとコースが甘くなり引っかかってしまう。最も大事なのは「DFをよく見ること」。股抜きなのか裏通りなのかを、DFの足の動きを見て瞬時に判断して切り替えていく。

右足でボールを内→外にまたぐ

下半身を左側に開きながら左足を前に出して……

虚を突かれたDFは反応が遅れる

スピードアップして追いかける

OFFENCE SKILL 11 タッチ系

DVD収録

闘牛士のように軽やかに

ダブルタッチ裏街道

難易度 ■■■□□

実戦度 ■■■■□

おしゃれ度 ■■■■□

襲いかかってくるDFを“ひらり”とかわす

ボールはDFの横を通し、自分は逆方向から回る「裏街道」のダブルタッチバージョン。「シザース裏街道」（P42）はDFの重心をシザースで動かして、空いた場所を通したけど、これは詰めてきたDFの前で瞬間的にボールを横→縦にタッチして通すというプレーだ。

DFの体をギリギリでよけるため、ボールを離すのが遅すぎるとつぶされてしまうので気をつけよう。

正対しているDFとの1対1の場面

DFがボールサイドに詰めてくる

左足でタッチ。ボールはDFの右足の外側を通る

一瞬ボールを見失ったDFは反転が遅れる

DAISUKE'S ADVICE

右インのタッチを大きくするとDFが引っかかりやすくなる

フランス２部リーグはフィジカルコンタクトが非常に激しいので、球際で襲いかかってくるDFから逃れるために、「裏街道」を積極的に使うようになった。ポイントは最初のタッチ。ここでDFの右足の外側まで運べないと、前に出す左インのタッチがDFに引っかかってしまうので大きめにすること。

右インで横→左インで縦という「ダブルタッチ」。２つのタッチを素早く行うことで、DFに反応する時間を与えない。DFに体をぶつけられる危険性があるので、ボールをまず逃がして、２タッチ目をした左足を踏み込み、素早く自分の体を逃がす。

TECHNICAL テクニカル解析 ANALYSIS

右インでタッチ。ボールを左足側に動かす

突っ込んできたDFをかわしながら……

自分はボールと反対側から回り込む

DFの前に入ってボールに先に触る

OFFENCE SKILL 12 タッチ系

体は前、ボールは後ろ

DVD収録

軸当て裏街道

難易度　実戦度　おしゃれ度

DFの目をくらませるトリッキープレー

DFは相手の体とボールを同時に視野に収めようとする。そのため、このプレーのようにボールと体が別々の方向から同じタイミングで出てくると、どっちに動くか一瞬迷いが生まれる。足裏で止めて軸裏を通すプレー自体もトリッキーなので、DFの目をくらませることにつながる。

使い場所はライン際がいいだろう。DFが追い込もうとしたときこそ、この技が効く。

右サイドのタッチライン際までボールを運ぶ

ゴール前にクロスを上げるようなモーションから……

ぴょんとジャンプしながら右足を当てる

内側に強く振ってボールにパワーを伝えて……

DAISUKE'S ADVICE

DFの後ろからボールを通して自分は素早く前から回り込もう

これはヨシト（大久保嘉人／ボルフスブルグ）もよくやってたプレー。ライン際に近づいていって、「クロスを上げる」とDFに感じさせるところが大事。DFが前に突っ込んできてくれないとうまくいかない。ボールをDFの後ろに通したら、自分は素早く前から回り込もう。“出しっぱなし”になっちゃうとかっこ悪いぞ。

左足裏で止めたボールを、自分の体のほうにグッと引きつける。そして、外側にあった右足でジャンプして着地と同時にインサイドに当てて中に押し出す。インパクトが弱いとボールが短くなって、反転したDFに先に触られるので、ある程度強く蹴ること。

TECHNICAL テクニカル解析 ANALYSIS

蹴り出さずに左足裏でボールを押さえる

自分の体の下に足裏で素早く引いて……

ボールはDFの後ろを通り、自分は前を走り抜ける

自分で出したスルーパスを拾って次のプレーへ

OFFENCE SKILL 13 タッチ系

食いつかせてかわす

DVD収録

コの字ダブルタッチ

難易度　実戦度　おしゃれ度

懐の深さ＆駆け引きで DFと完全入れ替わり

松井の特徴の一つが懐の深さだ。決してリーチが長いわけではないが、各部位を使って全方位にボールを動かせるので、DFが足を出してきても難なくかわすことができる。

このプレーは自分がボールをキープしたところに、わざとDFを突っ込ませて、ピッチに「コ」の字を描くようにボールをタッチしてかわしたもの。懐の深い松井のテクニックと駆け引きのうまさをマネしたい。

スキル 発動エリア -------- 右サイド

右サイド。目の前のDFが距離を詰めてくる

右足裏で押さえたボールを引きながら下がる

右インでボールを横に動かしてかわす

DFが動いたので突破のスペースができる

DAISUKE'S ADVICE

最初の引きでDFを呼び込んで足を出してきたらスライドする

このプレーはDFとの駆け引きがとても大事。足裏でボールを引いて、DFを食いつかせて、足を出してきたところでかわす。DFの足が届きそうで届かない、思わず足を出すぐらいの場所にボールを置くことが成功の決め手だ。ライン際だけじゃなくて、中盤でプレスをかけられたときにも使えるからマスターしておこう！

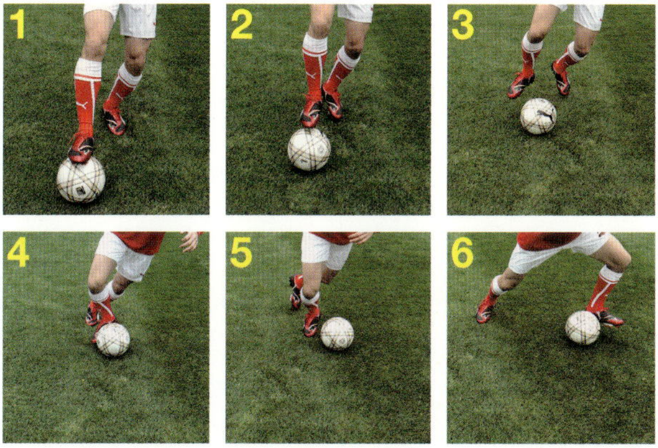

重要なのは足裏でボールを引くときのボディバランスと、右イン→左インのスピード感。立ち足の左足で“ケンケン”をするようなイメージで後ろに下がっていく。DFをかわして前に出ていくところは、右インで触った時点で、次にタッチする左足を準備しておく。

TECHNICAL テクニカル解析 ANALYSIS

左足でバックステップしてDFから遠ざかる

我慢できずにDFが足元に飛び込んできたところで……

左足のインサイドでボールを前に押し出す

DFを完全に置き去りにして次のプレーへ

OFFENCE SKILL 14 シャペウ系

DFの頭に“帽子”を被せる

DVD収録

エレベーターシャペウ

難易度　実戦度　おしゃれ度

DFを背負っても空中は空いている！

シャペウとはポルトガル語で「帽子」という意味。DFの頭の上をボールが越える様が、帽子を被ったように見えるということからついたのだという。

DFをピッタリと背負っていて、前を向いて仕掛けるのが難しいときが使いどころ。地上がダメなら空中を通すという発想の転換でシャペウを狙ってみよう。DFにとっては屈辱だが、決めたほうにとっては快感だ。

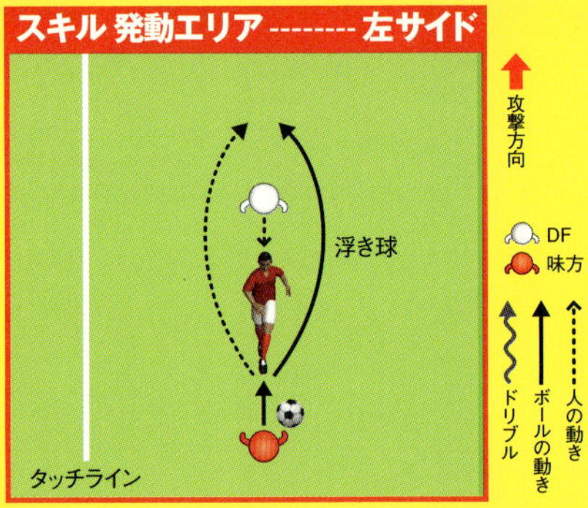

DFを背負った状態。足元でパスを受ける

足の裏でボールをトラップ

腰ぐらいまできたところで……

ツマ先を返してボールを蹴り上げる

DAISUKE'S ADVICE

ツマ先と甲の間に乗せて上げる 腰辺りに来たらツマ先を返そう

これはＪリーグで１回やったことがあるプレー。スタジアムがどっと沸いて気持ちよかったのを覚えている（笑）。大事なのはツマ先。ツマ先に乗せてボールを持ち上げて、クイッとツマ先を返そう。DFは完璧に背負ったほうがやりやすいかな。DFからは自分の体でボールが見えなくなるので、相手はよりビックリする。

ボールの下に足をスッと潜り込ませたら、ツマ先を上に向ける。そうすることでボールがツマ先と足の甲の間にスポッとハマる。リリースポイントの目安は自分の腰の高さ辺り。ツマ先の返しの強さによってボールの軌道が変わるので繊細に行うこと。

TECHNICAL テクニカル解析 ANALYSIS

ボールの下に足を入れて、足の甲に乗せる

そのままボールを持ち上げていく

ボールはDFの頭の上を越える

素早くDFの背後を取って追いかける

OFFENCE SKILL 15　1対2

DF同士の“境界線”を突く

DVD収録

ストレートカットイン

難易度　実戦度　おしゃれ度

数的不利を逆手に取って突破口を見い出す

　自分に対して２人のマークがついている――１対２の状況になると突破をためらう人もいるかもしれない。だけど、１対２のほうが突破のチャンスが広がる場合もある。数的不利を逆手に取った突破方法の一つ目がコレ。

　２人のDFが縦方向に並んでいるときは、守備範囲の“境界線”を狙ってドリブルで切り込んでいく。DF同士が譲り合ったときに生じる、わずかなコースが突破口になる。

スキル 発動エリア -------- 左サイド

左サイドからドリブル。１対２の状況

DFは縦に追い込もうとしている

右足のインからアウトにボールを滑らせながら……

右アウトで角度の変化をつけてセンターに切り返し

DAISUKE'S ADVICE

縦に行く雰囲気を見せておいて右アウトでボールを中に運ぼう

1対2は攻撃側にとっては数的不利だけど突破するチャンスは大きい。DFとしては相手への役割分担が曖昧になるので、仕掛けられたときにお互いが譲り合ったりすることがある。僕は実際の試合でもわざと1対2になるまで待ってから突破にかかるときもある。1対2は積極的に仕掛けていっていい。

体は縦方向を向いたままで、ボールを右アウトに引っかけて中に切り返す。右イン→右アウトのダブルタッチにしてもいい。DFが足を伸ばしてくることもあるので、DFの足の上を通すぐらいの高さに浮かせることで、カットされる確率を減らす。

TECHNICAL テクニカル解析 ANALYSIS

スピードを落として2人を引きつける

縦にボールを持ち出しそうなモーション

DFの足に当たらないように大きめに持ち出す

2人の間に割り込んでスピードアップ

OFFENCE SKILL 16 1対2

2人の間をこじ開ける

ダブルカットイン

DVD収録

難易度　実戦度　おしゃれ度

1人目を外して 1対1に持ち込む

1対2での突破方法の二つ目。「ストレートカットイン」（P52）では2人の間に1発で割り込んだけど、ここではDFも警戒して間を閉めている、というシチュエーション。こういうときは自分から突破口を開かなければいけない。

1対2だけど1対1を連続して行うイメージで、まず前方のDFに集中し、次に後ろから来たDFをかわす。ドリブルをする前にどうやってかわすのかを思い描こう。

1
左サイドで縦にボールを運んでいく

2
左足でゴール前にクロス……と見せかけて

5

右インで内側に引き込みDFの足をかわす

6
DF2人の間が空いたところを……

DAISUKE'S ADVICE

自分から仕掛けていくことで突破するコースを生み出そう

1対2の状況で突破するコースがなさそうなときは、2人をいっぺんに相手にするのではなく1人に仕掛けるのに集中する。DFとしては「自分が抜かれてもカバーがいる」という感覚があるので、キックフェイントにも足を出してくる確率が高い。1人を外せば、慌ててカバーに来る次のDFとの勝負ではこちらが優位に立てる。

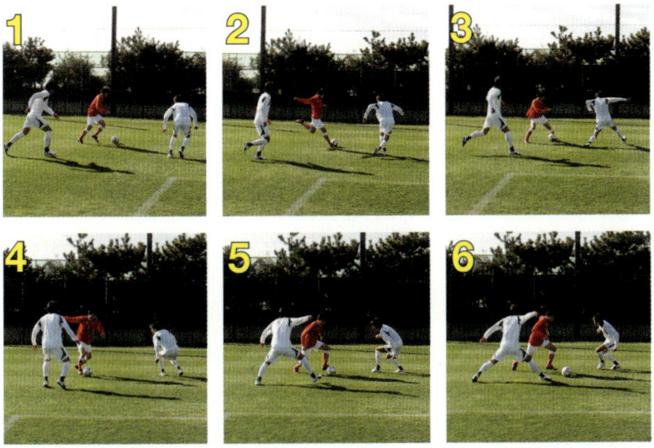

TECHNICAL テクニカル解析 ANALYSIS

左イン→右イン→左インの3タッチのところでは腰をしっかり踏ん張りたい。体が流れてしまうと、次のタッチにスムーズにつながらず、カバーに来たDFや一度かわしたDFに追いつかれてしまう。2人目が来る前にスピードアップしてすり抜ける。

左インで切り返し、前方のDFをかわす

後方のDFが慌てて寄せてくる

左インでボールを押し出す

スピードを上げてDFを振り切る

MATSUI'S WORDS
松井語録 ～テクニック編～

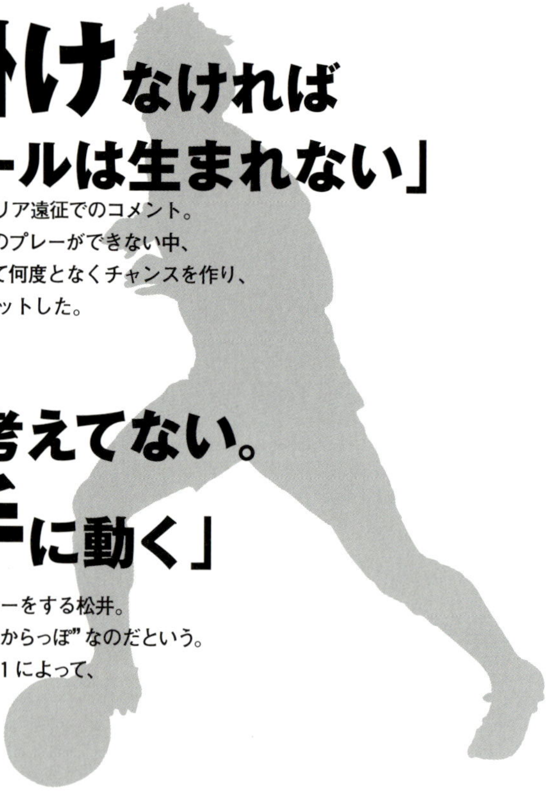

「仕掛けなければ ゴールは生まれない」

2007年の日本代表オーストリア遠征でのコメント。
強豪スイス戦で味方が本来のプレーができない中、
左サイドから果敢に仕掛けて何度となくチャンスを作り、
PKにつながるファウルもゲットした。

「ほとんど何も考えてない。 体が勝手に動く」

ひらめきと直感でファンタスティックなプレーをする松井。
ドリブルをしているときの頭の中はほとんど“からっぽ”なのだという。
小学生時代から積み重ねてきた数多くの１対１によって、
条件反射的に技が出せるようになったのだ。

「ウマくなる秘訣？ マンガを読むこと（笑）」

松井の奇想天外なアイデアの源にあるのが、サッカーマンガの“必殺技”。
ゴールポストに当てたボールの跳ね返りをオーバーヘッドで打つという、
「キャプテン翼」のマネをしようとして頭から落ちたこともあるとか……。

CHAPTER 2

超絶ドリブルテクニック

スペシャル編

AU SOMMET DU DRIBBLE

ドリブルを極める

スペシャル編

1回見ただけではわからないような、ハイレベルなテクニックがぎっしり詰まったスペシャル編。松井がこのような“魅せ技”にチャレンジするのは、「見ている人に喜んでもらいたい」という気持ちがあるからだという。

海外の大型DFを手玉にとるテクニック

フランスリーグでプレーするようになった最初の頃はかなり大変だったね。フランスはヨーロッパの中でも、黒人系の選手が多いこともあって、フィジカルを前面に押し出したサッカーをすることで有名なんだ。特に1年目はル・マンが、1部リーグ以上にフィジカルコンタクトが激しい2部リーグにいたからね。

日本だと背が大きい選手は足が遅かったりするんだけど、フランスリーグのDFは大きくてスピードもある。僕は日本人の中でも体が大きいほうではないから、海外のDFとまともにやったら勝ち目はない。

そこで意識するようになったのが、腕や体の使い方なんだ。

ドリブルでボールを運んでいるときは腕を使って相手がどこにいるのか常に見張っておくようにする。競り合いでは下から突き上げるようにすると何倍もパワーが出るとか、相手が突っ込んできたらスッと体を引いて入れ替わるとか、体の使い方も身につけた。

僕が海外の相手と対峙するときに使うテクニックは、自分より体が大きい上の学年の相手とプレーするときにも有効なんじゃないかな。

実は、海外の選手のほうがやりやすいと感じることもあるんだ。脚が長い分、股抜きがしやすいし、体が大きいからフェイントに引っかかりやすい。僕のスタイルは海外向きなのかもしれないね。

ドリブルとは自分を表現するもの

僕の場合、ドリブルで相手をかわすときは、頭で考えているというよりも、体が勝手に反応しているという表現のほうが正しい。それはこれまでに何千回も、何万回も1対1を積み重ねてきたおかげだろうね。

ただし、このフェイントを使ってみようと“決め打ち”する場合もある。それがこのスペシャル編で取り上げたような難易度の高いプレー。こういったプレーは、自分から狙っていかないと難しいからね。

インスピレーションの元はマンガだったり、スター選手のプレーだったりするんだけど、自分のやりやすいようにアレンジしてもOK。マンガの技でも実戦で十分に使えるものはたくさんあるからね。

僕自身は、ドリブルというのは自分を表現する手段の一つだと思っている。ドリブルで突破するだけじゃなくて、見ている人が喜んでくれるようなプレーをしたいという気持ちがある。

僕が自分のプレーで伝えたいのは「サッカーは楽しいスポーツ」だということなんだ。サッカーボールという遊び道具でこんなことができるんだよ、というのを見ている人に感じてもらいたい。

難しい技を「どうすればできるかな」って何度も練習して、できるようになったときって最高に気持ちいいでしょ？　練習でできるようになったら、ぜひ実戦でチャレンジしてみてほしいな。

OFFENCE SKILL 17 タッチ系

DVD収録

目にも止まらぬ足さばき

3連打タッチ

難易度 ■■■■□　実戦度 ■■■□□　おしゃれ度 ■■■■□

バン、バン、バンと超高速で3連続タッチ

一度プレーを見ただけでは「何をやっていたのかわからない！」となるほどの超高速技。わずかな間に左足裏→右イン→左インと3回もタッチしている。ボールがまるで障害物に当たってバン、バン、バンと跳ね返っているように見えるのですさまじいインパクトがある。

DFがこちらのスピードに呆気に取られているうちに、逆をついてかわしていこう。

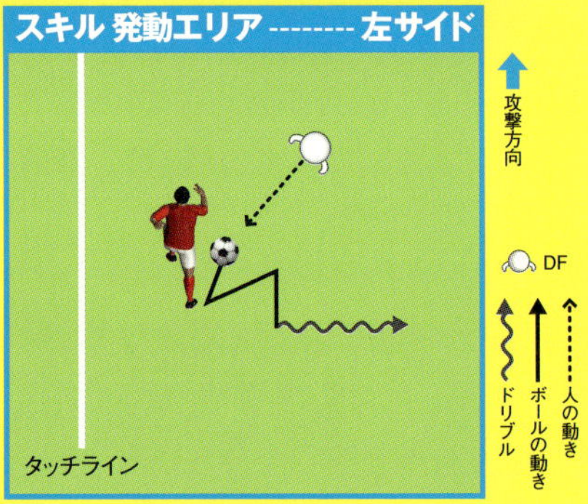

左サイドでDFと対峙しているシーン

左足裏でボールを押さえる

前に出した右インにぶつける

すぐさま左インでタッチして切り返す

DAISUKE'S ADVICE

2タッチ目と3タッチ目の間が短いので次の足を準備しておく

とにかくスピードが命。DFの逆を取るというよりも、DFが突っ込んできたところを瞬間的にかわすような感じ。特に注意したいのは2タッチ目（右イン）から3タッチ目（左イン）。この間がほとんどないので、右インに当てたときにボールと一緒に前にスキップすると、スムーズにできると思うよ。

左足裏でボールを引くと同時に、右足を前に出してボールにぶつける。このボールを左足で切り返す。一瞬の間にボールが股下の間を2往復している。左インで切り返すところでは、DFの足に引っかからないようにボールを出す場所を調整する。

TECHNICAL テクニカル解析 ANALYSIS

DFがボールを奪いに来る

右足側に引いたボールを……

DFはあまりのスピードについてこれない

棒立ちになったDFをかわして次のプレーへ

OFFENCE SKILL 18 タッチ系

“ラボーナ” のドリブル版

DVD収録

X《エックス》フェイント

難易度　実戦度　おしゃれ度

軸足の後ろからボールが飛び出す！

軸足の裏側から蹴り足を回し込んでキックする「ラボーナ」を、ドリブルに応用したプレー。軸足の後ろを通すことによって、DFからはボールが見えにくくなる。そこからピョンッとボールが飛び出すのでDFは慌てふためくだろう。

ボールを出す瞬間の足が「X」字になっているのが正しいフォーム。ボールがDFの前を通る形になるので、足を出されないように素早く行いたい。

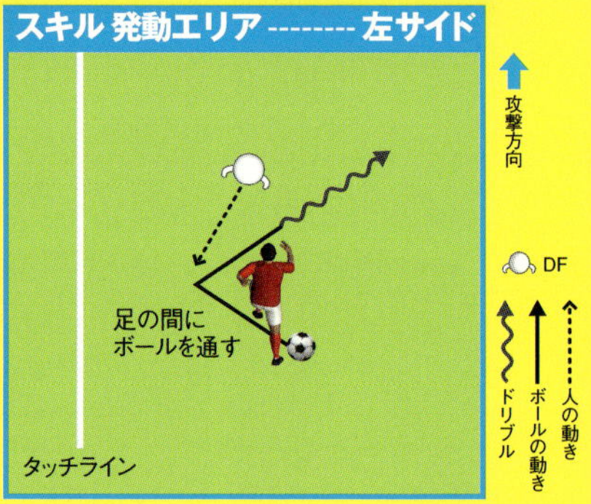

左サイドからドリブルを仕掛けていく

DFは自分の正面に立っている

そのまま軸足（左足）の後ろ側まで持って来る

体の前まで来たところで足首を返して切り返す！

DAISUKE'S ADVICE

左足をボールの前に踏み込むと右足でスムーズにタッチできる

ボールをDFの前に通すので、距離が近すぎると触られてしまう。その前のアクションでどれだけDFを自分の左側に寄せられるかが肝になる。軸足となる左足の踏み込む位置が近いと、軸足の後ろのスペースが狭くなって、ボールを回し込むときにぶつかってしまうので、大きく踏み込むようにしよう。

左足をボールの前に踏み込み、右足のインサイドでボールを引きずるように運ぶ。軸足の前まで来たら、アウトで弾くように切り返していく。軸足にぶつからないように、切り返した瞬間に左足を抜いているところも、細かいが見逃せない。

TECHNICAL
テクニカル解析
ANALYSIS

左足をボールの正面に大きく踏み込む

右足のインサイドにボールを引っかけて……

ボールはDFの前を通って中方向へ出る

DFと入れ替わって次のプレーへ

OFFENCE SKILL 19 タッチ系

空中でする“エラシコ”

エアシコ

DVD収録

難易度　実戦度　おしゃれ度

浮かせたボールを空中でアウト→イン！

ロナウジーニョの必殺技である、片足で瞬間的にアウト→インに切り返す「エラシコ」。これを空中で行うという豪快な技だ。ボールが浮くとDFは一瞬目で追ってしまうもの。そこを狙って素早く前に出ることで入れ替わる。

横パスを浮かせた形でもいいし、自分でボールを上げて行うのもOK。見た目よりも難しくないので、派手でありながらも実戦向きといえるだろう。

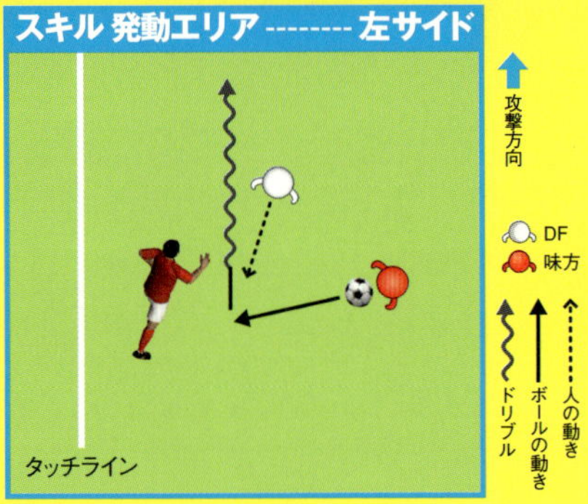

1

味方から足元に横パスが来る

2

DFはトラップ際を狙っている

5

空中にあるボールに対して右足を前に出して……

6

右インでボレーシュートのように縦に切り返す

DAISUKE'S ADVICE

右アウトでの切り返しを大きく DFの逆を突いて前に出ていく

横パスを浮かせる右アウトのタッチで、「右に来るかも」とDFに感じさせることが大事。このタッチが大きくなればなるほどDFは食いついてくるし、逆に小さいとあまり引っかからない。ただし、大きくすると次のタッチが難しくなる。最初は小さいところからスタートして、徐々に大きくしていけばいいんじゃないかな。

このプレーで難しいのは、グラウンダーの横パスをアウトで浮かせるところだろう。コツはボールとの接地時間を長くすること。ボールの下に足を潜り込ませて、くっつけたまま引き上げる。膝を手前に折り畳むようにするとうまくいく。

TECHNICAL テクニカル解析 ANALYSIS

このままでは足元に飛び込まれてしまうが……

右アウトに当ててボールを浮かせる

飛び込んできたDFと入れ替わる

縦のスペースへドリブル

OFFENCE SKILL 20 タッチ系

DVD収録

1発で前を向く“裏”ワザ

フリック裏街道

難易度　実戦度　おしゃれ度

ボールの流れを止めず タッチで方向を変える

DFが背後に立っていて、球際でガツンと当たってきそう――そんなときには、ボールを止めずにタッチで方向を変える「フリック」で切り抜けよう。自分より大柄なDFを相手にしたときは、このテクニックを覚えておくと重宝する。

左イン→右インのタッチ自体はシンプルだが、動いているボールに合わせるのは見た目以上に難しいので、何度も練習してタイミングをつかんでほしい。

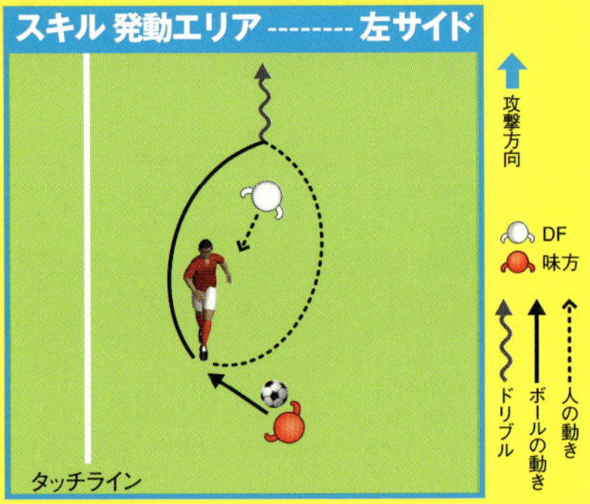

左サイド、グラウンダーの縦パスが足元へ

球際を狙ってDFが寄ってくる

このボールを右インで前に蹴り出す

ボールはDFの右側、サイドライン沿いを通っていく

DAISUKE'S ADVICE

左足でボールを内側に引き込み 右足を前に押し出して当てよう

フランスリーグで大柄なDFがチェックに来たときは、球際でまともにぶつかったら飛ばされるから、こういうプレーで肉体的接触を避けることが大事になる。ここでは「裏街道」パターンを紹介したけど、DFが縦のコースに立っていたら中に持ち出してもOK。DFがどこに立っているのかによってボールの出し場所を決めよう。

最初の左インでボールをその場に止めると、右足で押し出しづらいので、左足を内側に軽く振って引き込んでいる。よく起こるミスが2タッチ目の右インで弾いたボールが、前にある左足にぶつかってしまうというもの。左足を前に飛ばしてコースを空けることで妨げる。

TECHNICAL テクニカル解析 ANALYSIS

左インでボールを止めると見せかけて……

左インを振って、内側に引き込んで右足の前にコントロール

自分は逆側からボールに回り込んで……

DFが反転する前にコースに入る

OFFENCE SKILL 21 またぎ系

ピッチで踊る松井の舞

DVD収録

ステップオーバーワルツ

難易度　実戦度　おしゃれ度

“カズダンス” のステップでかわす！

右足で外→内にまたいで、左足が右足とクロスするステップが、“カズ” こと三浦知良のゴール後のパフォーマンス “カズダンス” のようにも見える。

DFの重心を片側に寄せるために、ボールの前をまたぐ。DFの視野からボールが消えたスキに、左足でチョンとタッチするのが、この技のミソ。ボールを右足の横に置くことで、ステップを踏み変えずに右アウトでタッチできる。

スキル 発動エリア -------- 右サイド

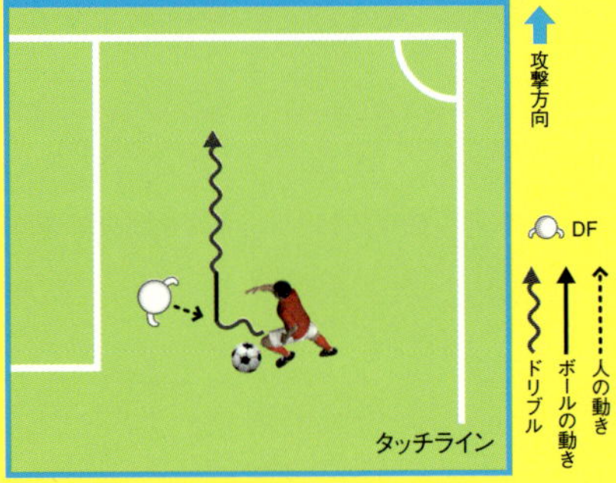

右サイドでの１対１。DFが正面に立っている

中に持ち出しそうな雰囲気を醸し出す

右足の後ろの左足で、ボールをチョンと押し出して……

DFの重心が戻らないうちに、体を縦に向ける

DAISUKE'S ADVICE

またぎにDFがついてきたら左イン→右アウトで素早く縦へ

このプレーは見た目も実用性も兼ね備えているのでイチオシだね。ポイントは連動性。ボールを外から内に大きくまたいで、左インでボールを軽く押し出し、右アウトで素早く縦に出ていく――この３つのプレーを切れ目なくスムーズにすること。最初はボールを使わずに足の動きだけ練習してもいいかもしれない。

左足の使い方に注目。右足でボールをまたぎ終わったら、左足を前にステップするようにボールを押し出す。すぐさま左足を左方向に踏み込み、右アウトでボールを縦に運ぶ。右アウトでタッチすると同時に体全体の体重をかけて加速していく。

TECHNICAL テクニカル解析 ANALYSIS

右足でボールの前を外→内にまたぐ

DFがまたぎに引っかかって重心が片足に乗る

左足を踏み込んで、右アウトで縦に切り返す

スピードアップしてDFを振り切る

OFFENCE SKILL 22 タッチ系

浮き玉を弾ませるトラップ

DVD収録

ジャグリングターン

難易度 ■■■■□　実戦度 ■■■■□　おしゃれ度 ■■■■■

浮き玉をわざと弾ませてDFを飛び込ませる

一般的に浮き玉は足元にピタリと止めるのがセオリーだが、足元に止めてから勝負を仕掛ける分、突破には時間を要する。このようにボールを意図的に弾ませてDFを引き寄せることで、うまくいけば１発で入れ替わることができる。

ジャグリングの延長上のプレーなので、どれだけボールを蹴っているかがモノをいう。まずはツマ先を地面に置いて浮き球を弾ませるテクニックを身につけよう。

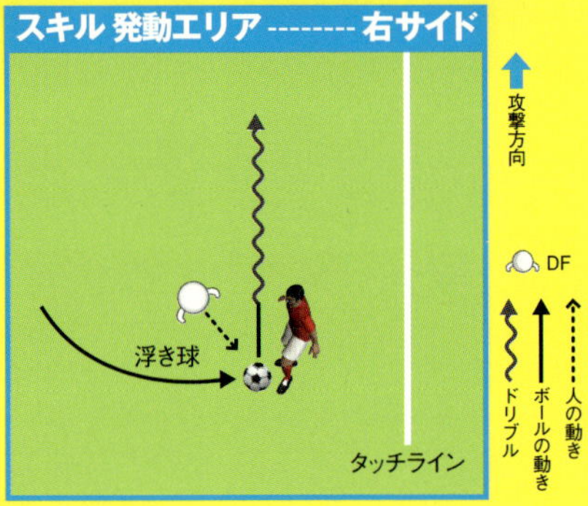

右サイド。浮き玉のパスが向かって来る

DFがトラップ際を狙って距離を詰める

右足のインステップに当てて浮かせる！

このボールを左足のインサイドで縦方向に切り返す

DAISUKE'S ADVICE

ポイントはツマ先と足の甲の間 ボールの芯を見極めて当てよう

　サイドチェンジで浮き玉のパスが来たときなどにトライしてみてほしい。最大の難関はボールを自分の体の前で真っ直ぐに上げるところ。うまく当たらないとボールがこぼれてしまい、次のタッチができない。ツマ先と足の甲の間にボールの芯をしっかり見極めて当てる。どこに当てればいいのか自分なりのコツをつかもう。

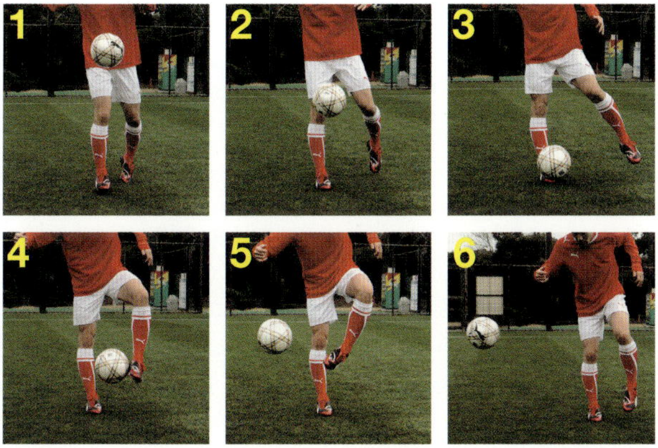

　ツマ先に近いほうのインステップでボールをトラップする。トラップするときに靴の中の親指がダランとなっていると、ボールは前のほうにこぼれてしまうので親指を立てて足を固めておく。左足タッチはボールの上がり際でコンパクトに切り返す。

TECHNICAL テクニカル解析 ANALYSIS

ボールの落下地点に先回りして……

右足で止めそうな雰囲気から……

呆気に取られたDFは足が出せない

DFと入れ替わって次のプレーへ

OFFENCE SKILL 23 シャペウ系

DFの頭上に描く曲線

DVD収録

三日月シャペウ

難易度 ■■■■□　実戦度 ■■■■□　おしゃれ度 ■■■■■

背後のDFをかわす トリッキーな浮かし技

ル・マン時代、松井が試合中に実際に成功させたプレー。コーナー付近で味方のスローインを受けた松井は、ファーストタッチで浮かせると、そのままアウトサイドで蹴り上げ、背後のDFをかわしたのだった。

今回はグラウンダーのパスを自分で浮かせてから上げるバージョンを紹介する。DFの頭の上を越えるボールが“三日月”のような美しい弧を描く。

スキル 発動エリア -------- 左サイド

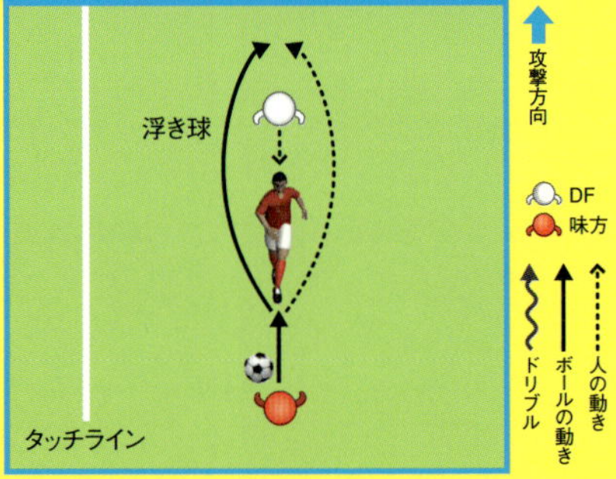

1 DFを背負って縦パスを受ける体勢

2 ボールに寄っていく

5 ボールを見ながら体を斜めに傾けていく

6 右アウトとピッチが水平になったら当てる

DAISUKE'S ADVICE

体をちょっと斜めにしたほうが右アウトで蹴り上げやすくなる

こういったプレーは狙ってやるというよりも、とっさに体が反応して出ることが多い。グラウンダーのパスを浮かせる場合、大事なのは最初のトラップで浮かす高さ。高すぎても低すぎてもダメなので、胸ぐらいの高さに来るようにしよう。また、蹴り上げるときは、体をちょっと斜めにしたほうが足を運びやすくなる。

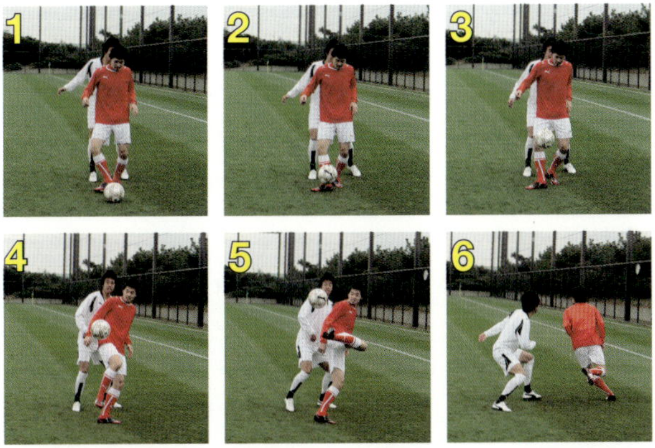

TECHNICAL テクニカル解析 ANALYSIS

ファーストタッチがこのプレーの生命線。右足のインをボールの下に潜り込ませて当てる。自分からボールに寄っていって、右足を前に出してぶつけると、ボールが浮きやすくなる。アウトサイドで蹴り上げると同時に、左足を軸に素早くターンする。

右足を前に出してインサイドでトラップする

ボールが真上に跳ね上がる

ボールはDFの頭上を通過して裏のスペースへ

素早く前を向いてボールを追いかける

OFFENCE SKILL 24 シャペウ系

「シュート！」のあのワザ！

DVD収録

ダブルヒールリフト

難易度　実戦度　おしゃれ度

松井も公園で練習したマンガのスーパープレー

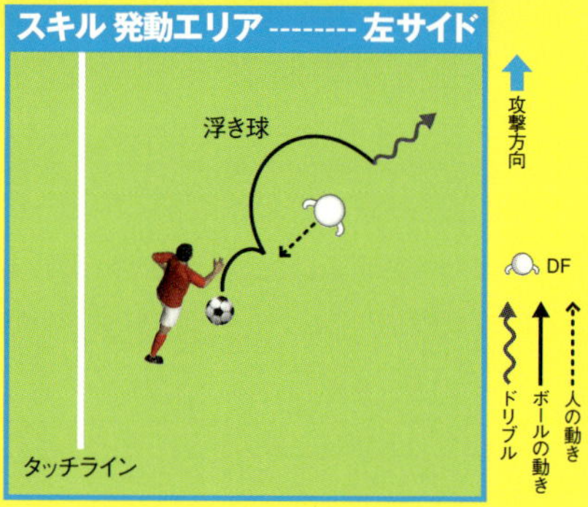

超有名サッカーマンガ「シュート！」の平松和宏の必殺技。松井自身も小学生の頃、マンガを読んで公園で練習を積んで、できるようになったという。マンガ発のプレーだが、実戦でも十分に使うことができる。

ヒールリフトでボールを上げきらずに、背中の後ろにあるボールをカカトで蹴り上げてDFの頭上を狙う。DFからはボールが相手の背中の後ろにあるので見えづらい。

DFとの間合いを計りながらドリブル

右足のインサイドと左足のカカトでボールをはさむ

まだ上げずに一度着地し、“タメ”を作ってから……

背後にあるボールを右足のカカトで蹴り上げる

DAISUKE'S ADVICE

ヒールリフトで浮かしすぎない半上げするというイメージ

このワザは何回も練習したなぁ。それこそ家の近くの公園で暗くなるまで何回もやっていた記憶がある。大事なのはヒールリフトで「半分上げる」感覚をつかむこと。右足のタッチでボールが上がりすぎないようにブレーキをかけるんだ。「ダブル」のほうが２回目のヒールが当たりやすいので確実性はむしろアップするぞ。

左足のカカトと右足のインでボールを挟んで、右足をこすり上げながらジャンプする。ボールが半分上がったところで右足を着地させて、後ろに振り上げてカカトに当てる。最初から最後までボールから目を離さずに、しっかり見ておくこと。

TECHNICAL テクニカル解析 ANALYSIS

右足をこすり上げてボールを浮かせる

通常のヒールリフトはこのまま左足で上げるが……

上がったボールを見ながらDFと入れ替わる

落下地点に素早く走り込んで、次のプレーへ

OFFENCE SKILL 25 シャペウ系

柔らかくクッションさせる

DVD収録

ゲレンデシャペウ

難易度 ■■■■■　実戦度 ■■■□□　おしゃれ度 ■■■■■

DFを食いつかせる“エサまき”を大事に

DFをかわす上で最も大事になるのが「駆け引き」の要素だ。このプレーでは、自陣方向に戻るようなタッチをして、DFを引きつけてから、自分の背中越しにボールを蹴り上げて裏を突いている。

かわしのタッチにいくまでの“エサまき”にどれだけリアリティーを持たせられるか。DF心理を読んでプレーすることが、ファンタジスタになるには大事だ。

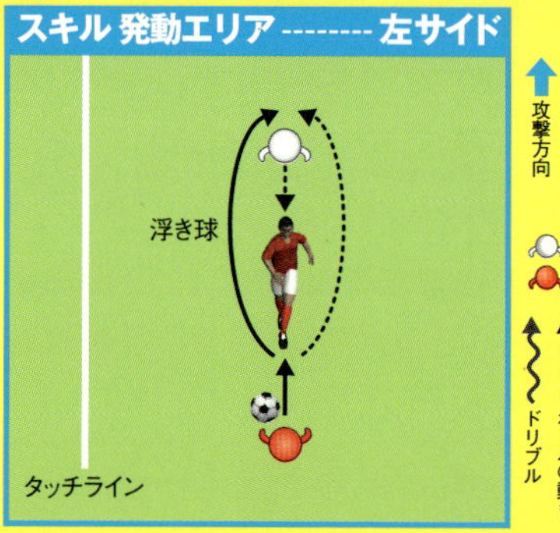

DFを背にして縦パスを受ける

ツマ先をボールの下に足を潜り込ませる

右ヒザでボールをクッションさせて……

インステップに引っかけ、体の向きと反対に蹴り上げる

DAISUKE'S ADVICE

モモで止めてDFを引きつけて その裏をかいて頭の上を通そう

ツマ先で浮かせたボールをモモで止めて、その場でキープするような雰囲気を出そう。DFとしては、背中越しでボールが見えにくいので、いつ、どこでボールが出てくるかわからない。自陣方向に下がりながらボールをタッチしてDFを引き寄せてから、頭の上にポーンと蹴り上げて背後のスペースを突こう。

縦パスを浮かせるところは、ボールの下にツマ先を潜り込ませて、チップキックを蹴るように当てている。逆回転がかかったボールを、モモでトラップすると、足の上を滑るように落ちていく。DFはこちらのタッチのタイミングがつかみづらくなる。

TECHNICAL テクニカル解析 ANALYSIS

ボールが浮き上がる

右モモでボールを優しく受け止めて……

ボールはDFの頭の上を越えていく

素早くターンしてDFの背後に回り込む

OFFENCE SKILL 26 シャペウ系

一発逆転のウルトラC

DVD収録

エクスプロージョン

難易度　実戦度　おしゃれ度

絶体絶命のピンチを切り抜けろ！

コーナー付近でDFに囲まれて、味方のフォローもない……。そんなとき、一か八かでトライしてみたいのが、この超大技。一気に形勢逆転できる。

自分で浮かせたボールを、地面に強く叩きつける。大きくバウンドさせて、相手の頭の上を通す。地面に跳ね返ったボールが、まるで爆発したかのような勢いで浮き上がるので、見る者に強烈なインパクトを与えるだろう。

スキル 発動エリア -------- 左サイド

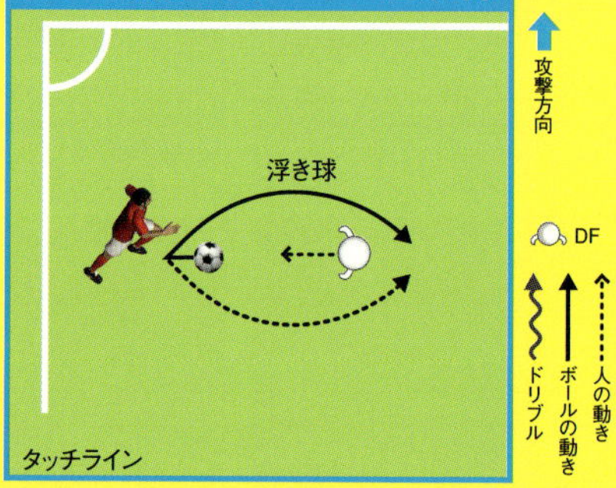

1 コーナー付近でDFに追い込まれている

2 足裏でボールを引いてDFを引き寄せて……

5 ボールのバウンドに合わせて右足を振り上げて……

6 上から下に振り下ろして、ボールを強く叩きつける

DAISUKE'S ADVICE

足の裏で引いてツマ先で上げる ボールの上がり際に当てること

足の裏で引いてツマ先で上げるんだけど、雨で芝生とボールが濡れているとツルッと滑ってしまうので難しい。上がったボールを叩くタイミングはヒザぐらいの高さに来たら。インステップの中心よりツマ先に近いほうで蹴ると、バウンドしたボールが前に出ていくよ。DFの上を越えてからバックスピンするボールがベスト。

ボールを引くところは、ツマ先で軽く持ち上げるように浮かせる。インステップで叩きつけるときは、ボールをよく見て素早く上から下に振り下ろす。バウンドしたボールが右足にぶつからないように、左側に抜きながら蹴るようにする。

TECHNICAL テクニカル解析 ANALYSIS

ボールの下にツマ先を潜り込ませて上に引く

ボールが真っすぐに浮き上がる

地面に跳ね返ったボールはDFの頭の上を越える

絶体絶命のピンチから脱出成功！

MATSUI'S WORDS

松井語録 ～メンタル編～

「プロは自分との戦いの連続」

日本有数の厳しい練習をすることで知られる、
高校サッカーの名門・鹿児島実業高校に進学した松井。
「走りとフィジカルばっかり」だった練習で、自分を限界まで追い込んだことで、
プロで戦うためのメンタリティが養われた。

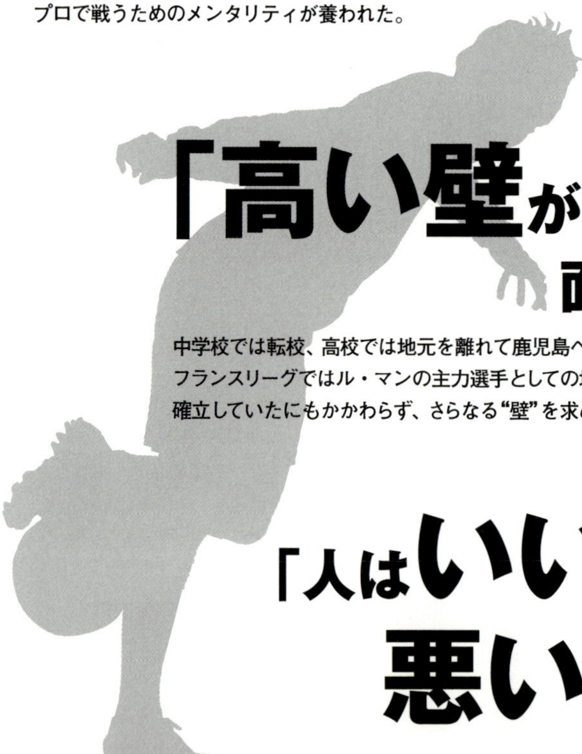

「高い壁がないと面白くない」

中学校では転校、高校では地元を離れて鹿児島へ行くなど、常に“壁”を求める松井。
フランスリーグではル・マンの主力選手としての地位を
確立していたにもかかわらず、さらなる“壁”を求めてASサンテティエンヌへ移籍。

「人はいいときも悪いときもある」

移籍したASサンテティエンヌでは、監督と相性が合わずに出場機会を減らし、
地元サッカー誌に「失敗した移籍」の１人にも挙げられた松井。
だが、悪いときも腐らずに練習を取り組み、
監督交代以降はレギュラーの座をがっちりつかむ。

CHAPTER 3
超絶シュートテクニック

AU SOMMET DU SHOOT

シュートを極める

ゴール前で見せるアクロバティックなシュートは、松井の真骨頂だ。この章では松井自身が「こんなシュートを決めてみたい！」という“夢のシュートテクニック”を多数収録。スーパープレーの秘密を語ってくれた。

自分の型を作ることがゴールへの近道

シュートもドリブルと同じで、どれだけたくさん打ったかという反復練習が大事になる。だけど、僕がアドバイスしたいのは、ただ漠然と数を打つのではなくて、実戦をイメージして打つようにしてほしい、ということ。

ゴールをイメージしないで何となく打った「10本」のシュートよりも、DFとの間合いやGKのポジション、どこに当たったらどう飛ぶか、どこに決めるかなどをイメージして打った「1本」のほうが、絶対にいいトレーニングになる。

そうやってたくさん打つ中で“自分の型”みたいなものが見つかってくるはずだ。僕の場合は左サイドからドリブルでカットインしてファーサイドにカーブをかけてシュートを打つ、あるいはファーと見せて腰をひねってニアに低くて速いシュートを打つ、といったプレーが得意なパターン。この形なら決められるというプレーがあれば、ゴールが決まる確率はグッと上がるはずだよ。

ちなみに、僕がフランス1部リーグで決めた初ゴールは、左45度からファーサイドを狙ったもの。「アンリのシュートのイメージ」で打ったんだけど、ゴールの映像をよく見たりしているから、瞬時にイメージを描くことができた。

いいシュートをたくさん見て、試合で決まることをイメージして打つ。それが“自分の型”を作ることにつながると思うよ。

瞬時の判断によって スーパーゴールが生まれる

シュート編では、「こんなゴールを決めてみたい」という技を中心にやってみたから、かなりインパクトがあるんじゃないかな？

僕が実際に決めたゴールを再現したのが、「おしゃれ軸裏ボレー」(P84)。ル・マンでプレーしていた07－08シーズンのモナコ戦で、クロスボールを軸足で決めたシュートだ。

こういうシュートは見た目はすごく派手なんだけど、インパクトは基本に忠実に行わないといけない。普通のシュートと同じように、当てるべき場所にしっかりとミートしなければ、狙ったところに飛んでいかないからね。

また、実際のゲームの中では、ノープレッシャーでシュートを打つことができるシーンはほとんどない。ゴール前で振り向く時間がない、クロスがズレた、というときに、すぐに次のプレーに切り替えてシュートに持っていけるかどうかが、ゴールへの分かれ目になる。

今回紹介したオーバーヘッドやボレーも、ゴール前で素早くシュートを打つまでの一つのアイデアだ。ボールを地面に落とさずにシュートできれば、相手DFだって詰めてくることができないからね。

僕自身、チャンスがあれば、こういうシュートを決めてみたいといつも思っている。これからも狙っていくので、フランスからスーパーゴールの映像が届くのを楽しみにしていてほしい！

OFFENCE SKILL 27 ボレー系

フランスの香り漂うシュート

DVD収録

おしゃれ軸裏ボレー

難易度　実戦度　おしゃれ度

フランス人も大歓声 おしゃれなシュート

07—08シーズン、フランス1部リーグの月間ベストゴールにも選ばれたモナコ戦でのファインシュート。

ゴール前に走り込んだ松井は、右からのクロスがマイナスに来たところを、ジャンプしながら股を通して右足インサイドでシュート。GKの意表を突いて決まったゴールは、クロスボールに合わせてとっさにプレーを切り替えて打った、松井の判断力とアイデアが光ったプレーだった。

スキル 発動エリア ---------- ゴール前

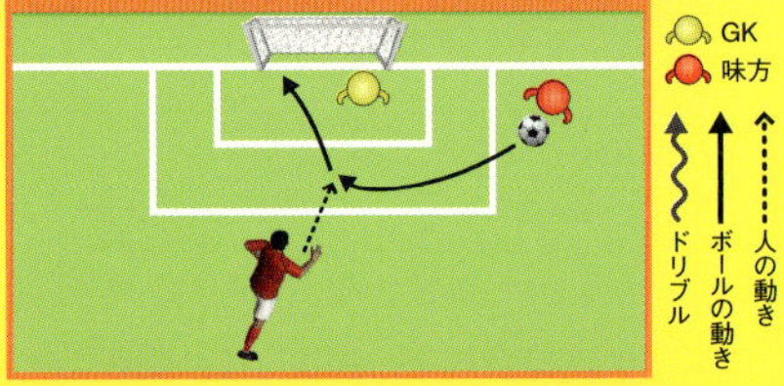

おしゃれポイント

体は横を向いたまま
逆方向にシュート

右サイドからのクロスに走り込む

マイナス気味のボールだがシュートを打ちたい……

打った後は右足をしっかりと振り抜く

体の向きと逆の方向へボールが飛んでいく

DAISUKE'S ADVICE

軸裏で蹴るけど基本は同じこと しっかりインサイドで当てよう

こうやって打ったのは、ゴール前に走り込んだときのクロスがわずかに合わなかったから。右足で打ちたかったけど、体の前で合わせようとすると体勢的に難しかったので、右足でジャンプして体の後ろで合わせようとしてこの形になった。軸裏で蹴るけどシュートの基本は同じ。インサイドでちゃんとミートしよう。

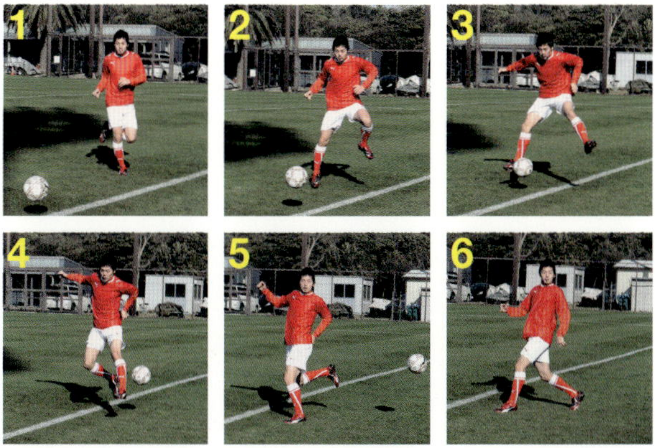

軸裏シュートでもコースの打ち分けができる。ニアに打つときは右足でボールにしっかりインパクトして前に振る。ファーのときは、右足でマイナスに向かってくるボールの軌道を変えるイメージで。GKのポジショニングなどによって使い分ける。

TECHNICAL テクニカル解析 ANALYSIS

ボールの軌道を予測して右足でジャンプ

股を通ったボールを、右足のインサイドでミートする

意表を突かれたGKは触ることができない

シュートはゴールネットに突き刺さる

OFFENCE SKILL 28 ヒール系

GKの手前で突然ターン

DVD収録

ルーレットシュート

難易度 ■■■■□　実戦度 ■■■□□　おしゃれ度 ■■■■■

トリッキー度満点のヒール→ヒール

自分が右足で出した“ヒールパス”を、左足のヒールでシュートする。GKと1対1になってから、突然ターンして打つのでトリッキー度は満点。

松井のプレーは自分の体の真下で素早く2タッチするものが多い。このプレーもその一種で、松井にとっては自然な形の一つといえるのかもしれない。ちなみに、このプレーはパスが元々のアイデアになっているとか。

スキル 発動エリア --------- ゴール前

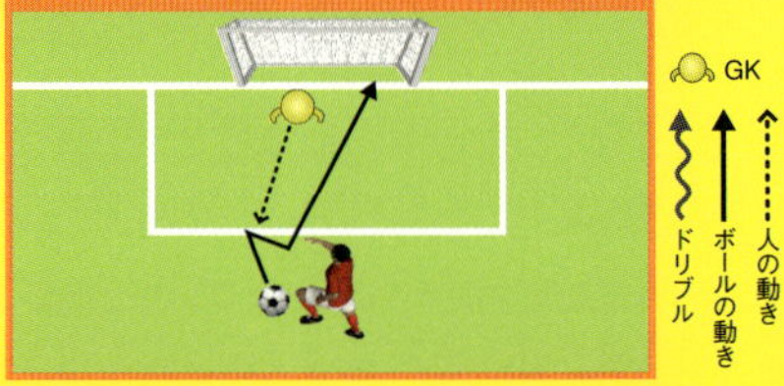

おしゃれポイント

高速でターンしてカカトに2回当てる

1

ペナルティーエリア左、GKとの1対1のシーン

2

GKを左にかわしにいきそうな雰囲気から……

5

右足のカカトにボールを当てる

6

左回りでターンしながら、左足のカカトでシュート

DAISUKE'S ADVICE

シュートはインサイドでもOK 空振りしないように気をつけて

このプレーは、ゴール前でGKに背を向けてシュートするんだけど、難しいのは2タッチ目でヒールに当てるところ。ヒールのほうが当たったときは飛ぶけど、空振りが怖い場合はインサイドでもOK。シュートの前のドリブルやキックフェイントで、GKを寝かせてコースを空けよう。

右足のヒールで蹴ったボールを、左回転しながら左足で巻き込むようなイメージで当てる。1タッチ目が弱いと、2タッチ目のシュートのパワーが落ちてしまうので、右足を大きく振り上げてボールの中心をしっかりとミートすること。

TECHNICAL テクニカル解析 ANALYSIS

左足をボールの後ろに踏み込む

右足を大きく前に振り上げて……

GKの体の横を通り過ぎたボールは……

コロコロとゴールに吸い込まれていく

OFFENCE SKILL 29 ループ系

ゴール前で繰り出す瞬間芸

DVD収録

おしゃれ軸裏ループ

難易度 ■■■■□　実戦度 ■■■□□　おしゃれ度 ■■■■■

3つの技の組み合わせで軽やかにゴールを奪う

キックフェイント、ステップオーバー、ループシュートという3つの技を組み合わせた高度なプレー。

右からのクロスを右足でバシッとシュート……と見せかけてボールをまたぐ。このキックフェイントでGKを寝かせて、上のコースを空けるのがポイント。足元のシュートを止めようとしてきたGKの裏をかいて、軸足の左足でふわっと浮かせて上のコースを通そう。

スキル 発動エリア -------- ゴール前

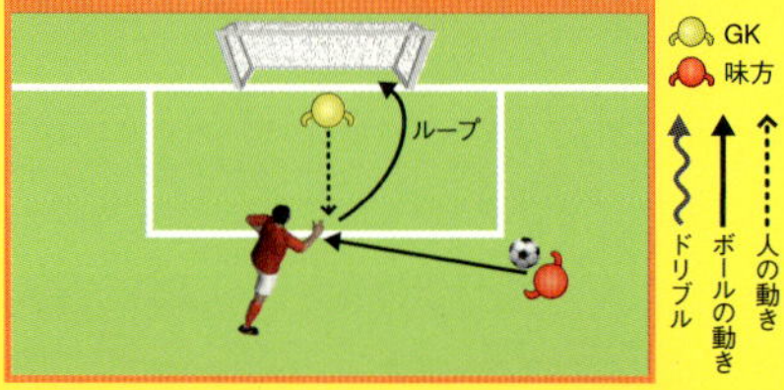

おしゃれポイント

強いシュートと見せかけてふわっとしたボールで決める

右からゴール前への低くて速いクロスに飛び込む

右足でシュートを打ちにいくが、GKの飛び出しがいい

キックフェイントに反応したGKは手が出せない

ボールはGKの体の上を通り過ぎて……

DAISUKE'S ADVICE

クロスが弱いと高く上がらない ミートの瞬間に足首を強く返す

このシュートは実はクロスが命。ボールが弱いと高く上がらないんだ。スピードがあって、ちょっとバウンドしているボールが最もやりやすい。クロスをダイレクトでシュートしようとしたけど、GKが素早く前に出てきてコースがない、そういうときに使ってみるといいだろう。

シュート時のバリエーションはパスのスピードに合わせて2種類ある。ボールのスピードが弱めだったら、左足インに乗せて持ち上げて浮かせる。ボールにスピードがある場合は左足を強く振って速いシュートにする。瞬間的な判断スピードが大事になる。

TECHNICAL テクニカル解析 ANALYSIS

シュート直前でボールを外→内にまたいで……

軸足の左足でボールをすくい上げるようにインパクト

ゆっくりとゴールに向かって転がっていく

このプレーでGKをかわして、押し込むのもOK

OFFENCE SKILL 30 ループ系

GKを引っかける究極フェイク

DVD収録

おとりバックスピンループ

難易度	■■■■■
実戦度	■□□□□
おしゃれ度	■■■■■

GKに向けて蹴った ボールが戻ってくる！

中学生のときの練習試合でGKと１対１になった松井は、何を思ったかポーンとGKのほうにボールを蹴った。だが、GKの目の前でバウンドしたボールには、実はバックスピン（逆回転）がかかっていたのだ。松井はこのボールをループさせてGKの頭上を抜く——。

松井自身も「覚えていない」という中学生時代の伝説のプレーをリメイクしたのがコレ。す、すごすぎる！

スキル 発動エリア --------- ゴール前

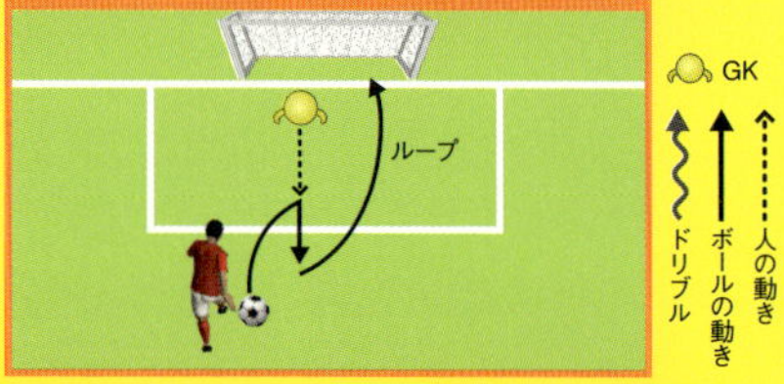

おしゃれポイント

前に出てきたGKの頭の上を通して決める

ダイレクトでシュートを打ちそうなモーション

右足をボールの下に潜り込ませて……

バウンドしたボールにはバックスピンがかかっている

ボールが自分のほうへ戻ってきたところで……

DAISUKE'S ADVICE

シュートを打つモーションから ツマ先を入れて逆回転をかける

シュートを打つモーションから、ツマ先をボールの下に滑り込ませる。蹴り方的にはチップキックのような感じだ。人工芝のほうがバックスピンがかかりやすいかもしれない。雨に濡れているとボールが滑っちゃうから難しい。遊びではよくやっていたプレーだけど、今度実戦で使ってみようかな（笑）。

バックスピンをかけるコツは、ボールを下から上に"こする"こと。ボールの下側に右足を潜り込ませて素早く上方向に振り抜く。どれだけバックスピンさせられるかは、蹴り足の振りの速さと、ボールとの接地時間の長さに比例する。

TECHNICAL テクニカル解析 ANALYSIS

シュート！ にしては中途半端。ミスキック？

GKが前に出てきてボールをつかみにいくが……

飛び出してきたGKの頭上を狙ってループシュート

ボールは弧を描いてゴールに吸い込まれていく

OFFENCE SKILL 31 ボレー系

織細さと豪快さが同居した技

DVD収録

ムーンサルトボレー

難易度 ■■■■■　実戦度 ■■□□□　おしゃれ度 ■■■■■

織細なタッチから豪快なシュートへ

松井は右利きだがシュートは「左足のほうが強い」のだという。このシュートは、そんな両足を自在に使える松井ならではの技といえるだろう。

右からのボールを、右アウトのコントロールで自分の左前に運んで左足でボレー。シュートはミートするとともにドライブ回転をかけて、GKの上を越えて落とすようなイメージで蹴ろう。

スキル 発動エリア --------- ゴール前

おしゃれポイント

横からボールを地面に落とさずにシュート

右から浮き球のボールが入ってくる

右足を地面と平行にして、アウトで左前方に蹴り上げる

左足の近くに来るまでボールをしっかりと引きつけて……

左足で落ちてきたボールの下をインパクト

DAISUKE'S ADVICE

ボールから目を離さないように シュートは体の前でとらえる

タッチもシュートも最も大事なのは、絶対にボールから目を離さないこと。ファーストコントロールのときは、右足を地面と平行にして「面」で当てる。ここで強く蹴り上げすぎるとシュートが打ちづらいので、左足の前に落とす軌道をイメージしながらやってみよう。シュートは体の前でとらえてしっかり引きつけて打て！

右アウトタッチ→左ボレーまでの一連の流れを滑らかに行いたい。右アウトでタッチした瞬間に足首を返すことでふわっとしたボールになる。左ボレーはインステップでボールの下をミートしたあと、こすり上げるようにフォロースルーをしてドライブ回転をかける。

TECHNICAL テクニカル解析 ANALYSIS

ボールの軌道を見極めて……

右足を前方に踏み込んでシュート体勢へ

シュート後のフォロースルーでドライブ回転をかける

ボールはGKの頭上を越えて落ちて決まる

OFFENCE SKILL 32 ボレー系

翼くんでもできない!?

スペシャルオーバーヘッド

DVD収録

難易度 ■■■■■　実戦度 ■■□□□　おしゃれ度 ■■■■■

オーバーヘッドの超進化バージョン

　オーバーヘッドシュートといえば、子ども時代、松井も夢中になって読んでいたというサッカーマンガ「キャプテン翼」の主人公、大空翼の必殺技。布団の上でも練習したという松井のシュートフォームは美しい。

　“松井バージョン”は浮き球のボールを地面に置いた右足で浮かせてから打つというもの。進化したオーバーヘッドシュートでゴールを決めて、みんなの目を釘付けにしよう！

スキル 発動エリア --------- ゴール前

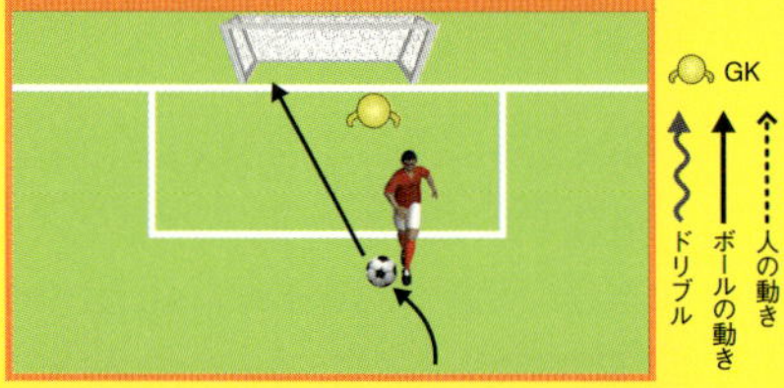

おしゃれポイント

自分で高く上げたボールをオーバーヘッド

ゴールを背にしたところに浮き球が来る

地面に落ちてきた浮き球を足の甲に当てる

左足を前方に振って、右足でジャンプ

頭上にあるボールを右足のインステップでとらえる！

DAISUKE'S ADVICE

当てる場所は足の甲の前ぐらい 左手からしっかり着地すること

ボールを上げるときに当てるのは、足の甲のツマ先に近いほう。オーバーヘッドは、ボールをよく見て、自分の頭のちょっと上ぐらいでミートする。ただし、オーバーヘッドは危険も伴う。ちゃんと着地しないと、背中や頭を打ってケガをすることもあるから、布団やベッドなど柔らかいところで動き方のコツをつかもう。

オーバーヘッドは“振り子”の要領で打つ。左足を前に振り上げてから、右足でジャンプ。左足を振り下ろす反動で、ジャンプした右足を振り上げてシュートする。右足でシュートを打った場合は左肩が落ちるので、左手から先に着地すること。

TECHNICAL テクニカル解析 ANALYSIS

ボールが真上に勢いよく跳ね上がる

高さと軌道を見極めて……

左手を着いて地面に着地する

強烈なシュートがゴールへ向かっていく

MATSUI'S WORDS

松井語録 〜ジュニア編〜

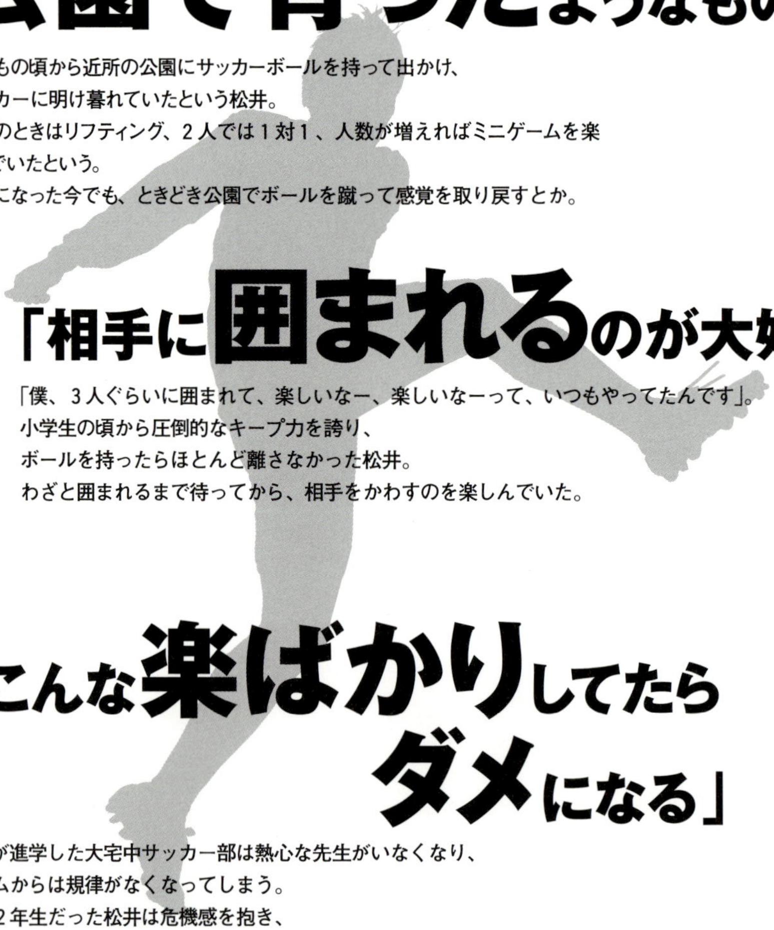

「僕は公園で育ったようなもの」

子どもの頃から近所の公園にサッカーボールを持って出かけ、
サッカーに明け暮れていたという松井。
１人のときはリフティング、２人では１対１、人数が増えればミニゲームを楽しんでいたという。
プロになった今でも、ときどき公園でボールを蹴って感覚を取り戻すとか。

「相手に囲まれるのが大好き」

「僕、３人ぐらいに囲まれて、楽しいなー、楽しいなーって、いつもやってたんです」。
小学生の頃から圧倒的なキープ力を誇り、
ボールを持ったらほとんど離さなかった松井。
わざと囲まれるまで待ってから、相手をかわすのを楽しんでいた。

「こんな楽ばかりしてたらダメになる」

松井が進学した大宅中サッカー部は熱心な先生がいなくなり、
チームからは規律がなくなってしまう。
中学２年生だった松井は危機感を抱き、
「ちゃんとサッカーがしたい」と藤森中への“移籍”（転校）を親に直訴した。

CHAPTER 4

超絶クロス&パステクニック

AU SOMMET DE LA PASSE

クロス&パスを極める

松井の最大の仕事がチャンスメイクだ。ゴール前の味方にピンポイントで合わせるクロス、DFの意表を突くパスによって、決定的なチャンスを演出する。松井自身が味方に合わせるクロス、トリッキーパスの使い方を伝授する。

味方に合わせるクロスの蹴り方とは？

サイドからボールを上げてゴール前の味方に合わせる、と言葉にすると簡単だけど、クロスは本当に難しい。走り込む味方のタイミングと合わなかったり、誰もいない場所に飛んでいってしまったり……。こういったミスが起こらないようにするために、気をつけてほしいことがいくつかある。

クロスを狙うエリアは基本的に、近いサイドのニア、ペナルティーエリアの中央、遠いサイドのファーの3つになる。

ゴール前をしっかりと見る時間があって、フリーの味方がいればピンポイントで蹴る場合もあるけど、ゴール前を見る余裕がない、素早く上げなければいけないというときは、この3つのエリアのどこに蹴るかをあらかじめ決めるようにしている。

ボールの球種は、右サイドから右足で蹴る場合は真っ直ぐに飛んでいくストレート、ゴールから離れていくインカーブ、ゴールに向かっていくスライスの3種類がある。そのときの状況に応じて蹴り分けられるのが理想的だね。

個人的にはフワッとしたボールよりも速いボールのほうがいいと思う。速いボールだったら、たとえ味方に合わなくてもDFがクリアできなくて、オウンゴールになったり、こぼれ球になったりして味方のチャンスになることもあるからね。とにかく、クロスボールは何度も蹴り込まないとうまくならない。練習あるのみだ。

トリッキーパスは有利な状況を作るための技

パスは、受け手にとって“優しいパス”を出すことを心掛けよう。ここでいう優しいパスとはトラップが簡単なスピードの遅いボールということではない。ボールをもらった味方が有利な状況でプレーするためのパスということだ。

僕がノールックパスをよく使うのは、自分のほうに相手を引きつけることによって、少しでも味方が楽な状態でボールを受けられるから。そうすれば次のプレーがつながりやすくなってチャンスが増える。

ただし、基本がない選手がテクニックだけを追い求めるのは間違っている。「かっこいいから」「おしゃれだから」という理由だけでノールックパスを使うのは、出し手のエゴになっちゃうんだ。

ノールックパスのバリエーションはたくさんあるけど、瞬間的に引き出しの中から出すとでもいうのかな、相手の状況や受け手となる味方との位置関係によってコレをやろうというのがパッとひらめく。

僕は無理な体勢でのパス練習にも、意味があると思う。試合中にいい体勢でパスを出せる場面はあまりない。どんな状況でも工夫してパスを出せるように練習を積み重ねておけば、絶対に試合で使える技術が身につく。体のどこにボールがあっても、味方がどこにいてもパスを出せるようになれば、ゴール前で相手は怖がる。そうすればドリブルも生きてきて、プレーの幅も広がるんだ。

OFFENCE SKILL 33 切り返し系

“背中”でDFを止める

DVD収録

背面ダブルタッチクロス

難易度 / 実戦度 / おしゃれ度

DFの足を止める簡単フェイント

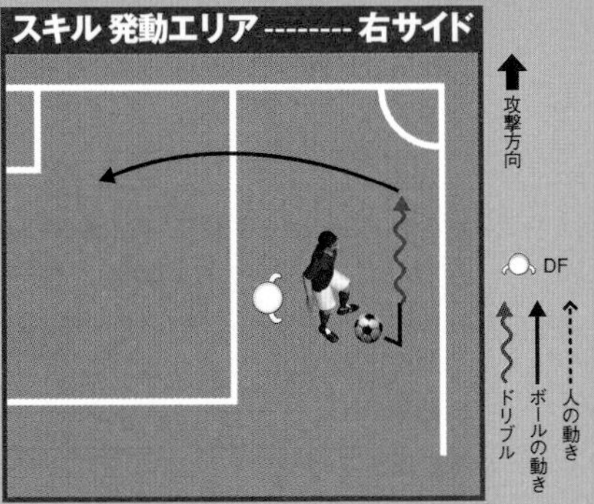

DFをかわしたいが、しつこくついてくる……。こういった状況でクロスを上げるための、“きっかけ”となるのが、DFに自分の背中を見せて相手を油断させること。

DFは相手が背中を向けたら「仕掛けてこないのかな」と思うもの。一瞬足が止まるので、すかさず縦にボールを運べば、クロスを上げるための“空間”と“時間”が生まれる。シンプルだけど効果は絶大だ。

右サイドからドリブルで仕掛ける

縦に突破してクロスを上げたいが、DFが先回りしている

すかさず右インで引っかけて前へ切り返す

スピードアップして、DFとの距離を空ける

DAISUKE'S ADVICE

背中を向けてDFの足を止める DFが止まったスキに出ていく

僕はそんなに足が速いわけじゃないから、ヨーイ、ドンでぶっちぎるのは難しい。だから、サイドでの1対1からクロスを上げるときには、この「背面ダブルタッチクロス」は使い勝手がいいんだ。大事なのは切り返してから前に出るときのスピード。1回シザースを入れて、DFを逆方向に食いつかせてもいい。

4枚目の写真がポイント。右アウトで自陣方向に切り返したら、背中を向けながらボールを左足と右足の間に置いて、DFからボールを見えづらくする。背中を向けたところから、右インのタッチをきっかけにスピードアップして前に出る。

TECHNICAL テクニカル解析 ANALYSIS

スピードを落とし、右アウトで自陣方向に切り返す

DFに背中を向けて、ボールを見えづらくする

軸足をゴール前に向けて、クロスを蹴る体勢へ

腰のひねりを使いながら右足を振り抜く

OFFENCE SKILL 34 切り返し系

先手を取ってかわす

マツイクロス リバース

DVD収録

難易度　実戦度　おしゃれ度

縦突破から左足で急激に切り返す

サイドでDFをかわした後の“仕上げ”となるのがクロスだ。精度の高いクロスを上げるためには、できるだけフリーで蹴ることが大事になる。DFを外すために松井が多用するのがキックフェイントだ。

ここでは一つ目のパターンとして、シザースから縦突破し、左足で切り返しての右足クロスを紹介する。スピードに乗った状態から急激に切り返せば、DFは高確率で引っかかる。

スキル 発動エリア -------- 左サイド

左サイドから仕掛ける

右足でボールを内→外にまたぐ

右足をボールの外側に踏み込んで……

左足で右足のあった場所に切り返す

右方向に重心を移す

右アウトでボールを押し出して……

DAISUKE'S ADVIC

ボールを前に蹴り出してDFが遅れてきたところで切り返そう

シザースからボールを前に大きく蹴り出し、スピードを上げてDFを引き離す。遅れてきたDFはクロスを上げられてしまう！ と全力ダッシュで止めに来る。先手を取って仕掛けて、切り返せばひっかかる。タッチはインのツマ先でパチンと当てよう。そうするとボールが右足の前の位置に来るので、クロスを上げやすくなるぞ。

スピードに乗った状態から急激に切り返すので、足腰の踏ん張りが必要不可欠。左足を地面にしっかりと踏み込んで、ボールだけ逆方向に出すようなイメージで切り返す。素早く右方向に重心を移動して、クロスを上げられる体勢に持っていく。

TECHNICAL テクニカル解析 ANALYSIS

左アウトで縦に押し出す

DFが遅れてついてくる

クロスを上げると見せかけて……

左足を踏み込み、右足をテークバック

右足を振り抜きボールを上げる

ゴール前へのクロス

OFFENCE SKILL 35 切り返し系

クロスモーションが決め手

DVD収録

マツイクロスストップ

難易度　実戦度　おしゃれ度

最初の切り返しでDFを完全に外す

松井のキックフェイントは、「憧れのプレーヤー」だったというストイコビッチ（現・名古屋グランパス監督）をお手本にしたものだという。

松井とストイコビッチの切り返しの特徴が、インサイドに引っかけたボールを、体全体で抱え込むようにして持っていくところ。DFはボールを蹴られると思ったら足を出さざるを得ないので、大きな演技でだまそう。

スキル 発動エリア --------- 左サイド

左サイドでDFと向き合う

右側に行くような体の動き

右アウトでマイナスに切り返す

そのまま引きずるようにタッチ

DFをかわして縦方向に運んでいく

スピードに乗ってDFを引き離す

DAISUKE'S ADVICE

切り返すのを悟られないように ゴール前を見てDFをだまそう

クロスを蹴るまでは切り返すのをDFに悟られないように、右アウトで出した後にゴール前を見ておくなどのフェイクをかけると効果的。

それから、1回簡単にクロスを上げておくのもいいかもしれないね。DFに「クロスを蹴ってくる」というイメージがあれば、2回目以降で引っかけやすくなる。

右側に出してクロスを蹴るぞと振り上げた足で、ボールを止める。そこから引きずるように押し出す。1タッチで蹴り出すと、相手DFがどう対応するかわからないので、1タッチ目で止めて、相手が引っかかったらスピードアップしていく。

TECHNICAL テクニカル解析 ANALYSIS

右側に素早く移動して……

左足を踏み込み、右足を振り上げる

クロスは蹴らずに右インで止める

右足を踏み込んで左足を振り上げる

ゴールライン際から中へ折り返す

ゴール前へのクロス

OFFENCE SKILL 36 ラボーナ系

軸足と蹴り足をクロスして蹴る

DVD収録

ラボーナクロス

難易度 ／ 実戦度 ／ おしゃれ度

軸足の後ろから回し込んだ足で蹴る

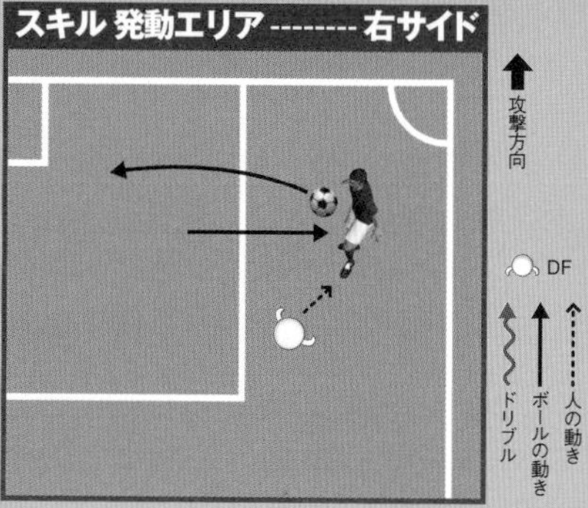

ラボーナとは、軸足の後ろから回し込んだ足で蹴ること。難易度はかなり高いが、トリッキーなプレーなのでDFにブロックされにくいメリットがある。

ラボーナの使い手といえば、マラドーナやリバウドなど左利きの選手が思い浮かぶが、その理由は彼らが左足１本でプレーするため。右足で蹴るほうがスムーズな場面でも、左足で蹴るためにラボーナを使っていた。

右サイド。ゴール前からボールが流れてくる

右足でクロスを上げるような雰囲気

左足を右足の後ろ側から回し込んで……

足首を寝かせて左足のインステップでインパクト！

DAISUKE'S ADVICE

インステップにしっかり当てて ヒザ下を素早く振るのがコツ

僕も最初は「どうやって飛ばすんだろう？」と思ったけど、コツをつかんだら普通のキックと同じぐらい飛ばせるようになったので、みんなもトライしてみてほしい。ボールを飛ばすコツは、軸足の後ろから回し込んだ蹴り足のヒザ下の振りを速くし、ミートポイントを広くすること。軸足から少し離れた場所で蹴るようにしよう。

ボールを蹴る瞬間に注目してほしい。体を斜めに倒して、軸足と蹴り足の間に空間を作っている。この間が狭いと蹴り足を十分に振ることができず、ツマ先に当たってしまい、弱いボールになる。蹴り足を振ることができれば、しっかりとインステップに当たる。

TECHNICAL テクニカル解析 ANALYSIS

DFがクロスをブロックしようと寄せてくる

右足をボールの後方に踏み込み……

DFの前を通ってゴール前へ飛んでいく

ボールの弾道は通常のクロスと遜色ないもの

OFFENCE SKILL 37 ノールック系

ノールックで縦パス

DVD収録

パラレラパス

難易度　実戦度　おしゃれ度

サイドラインと“平行”に出す縦パス

サイドバックとのコンビネーションで使いたいプレー。右サイドの開いた場所でパスをもらって、その外側をサイドバックがオーバーラップする。体を開いてパスを出すとDFに読まれるので、体は中に向けたままボールは縦へ。パスは右足のアウトサイドに乗せてすくい上げる。

「パラレラ」とはポルトガル語で「平行」という意味。サイドラインと平行に出すところが名前の由来だ。

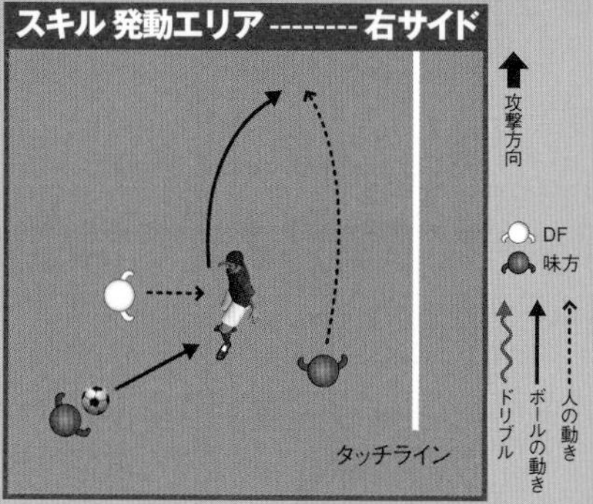

右サイドのライン際で2対1の状況

足元へのグラウンダーのパス

右足のアウトサイドに乗せる

ボールをすくい上げて、外側を走る味方へリリース

DAISUKE'S ADVICE

DFのヒザの上ぐらいを狙って右アウトに軽く乗せて浮かせる

僕はサイドハーフをやることが多いから、サイドバックの上がりを生かすためによく使うんだ。左足でボールを止めてキープすると見せかけて、素早く右に持ち直してパスを出す。DFの足に当たらないように、右アウトに軽く乗せて浮かせて、ヒザの上ぐらいを狙おう。数的有利になった瞬間に出すので取られにくい。

外側を回った味方にパスを出したいが、体を縦に開くとDFに読まれるし時間がかかる。左足裏でボールを止めて、右足アウトでパスをすると読まれにくいし、何よりも早い。野球で内野手がゴロを処理するようなイメージでポンポンと素早く行う。

TECHNICAL テクニカル解析 ANALYSIS

左足裏でボールを止める

そのまま自分の体のほうへ引き込んで……

外にパスを出したが、体は中の方向を向いている

サイドのスペースへ味方が走り込む

OFFENCE SKILL 38 ノールック系

ヒールパスのスタンダード

DVD収録

THEヒールパス

難易度　実戦度　おしゃれ度

ドリブルで仕掛けて背後の味方へパス

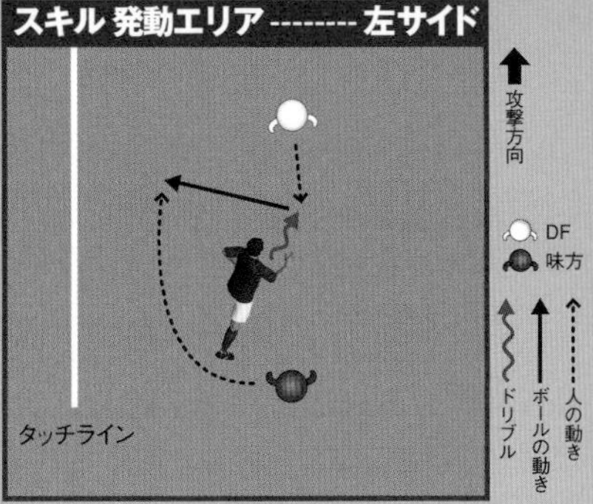

松井の足技の中でも、特に使用頻度が高いのがヒールパスだ。中学生時代からヒールパスにこだわっていたというだけあって、レパートリーは非常に豊富。ノールックで出すので、DFの裏をかける。

まずは、ドリブルからのヒールパスという基本的なプレーから。ドリブルで仕掛けていって、DFを引きつけてから背後の味方にサッと出す。

左サイド。斜め前にDF、斜め後ろに味方がいる

DFに向かっていくようにドリブル

ドリブルでDFを中に釣り出してから……

ボールの前に右足を出して、コンパクトな振りで……

DAISUKE'S ADVIC

カットインしてDFを引きつけ味方のためのスペースを空ける

ドリブルで中に切れ込んでDFを引きつけて、味方が走ってくるスペースを空けよう。ヒールは足の中で最も固い場所だから、ちゃんと当たれば強くて速いボールが蹴れるんだ。でも、中心を外れるとボテボテになってしまう。インパクトの感覚をつかむために、最初は裸足でやってみてもいいかもしれない。

ボールが軸足にぶつからないように、ボール1個分ぐらい後ろに踏み込むこと。また、軸足と蹴り足をクロスする蹴り方もある。インパクトはパスを出す方向にカカトを向けて、そのまま押し出すように蹴っている。テークバック&フォロースルーは非常にコンパクト。

TECHNICAL テクニカル解析 ANALYSIS

右アウトでカットインして中のスペースへ

味方は松井が空けたスペースへ走り始める

パスを出す方向は見ずに、ヒールで背後の味方にパス

味方はフリーでボールを受ける

OFFENCE SKILL 39 ノールック系

片足立ちで繰り出す勝負パス

DVD収録

フラミンゴパス

難易度　実戦度　おしゃれ度

ドリブル中でも止まった状態でもOK

ドリブル中でも止まった状態でも、体の向きとは別の方向に出せるのが、この技のメリット。ボールの上でジャンプして、左足を前に飛ばしながら右足で押し出す。

松井がこのプレーをやるのは、主に味方からのパスをサイド際で受けた直後や、ドリブル中にサイドで追い込まれたとき。DFがガーッと詰めてきたところを、ジャンプいちばん、鮮やかにピンチを切り抜けよう！

スキル 発動エリア -------- 左サイド

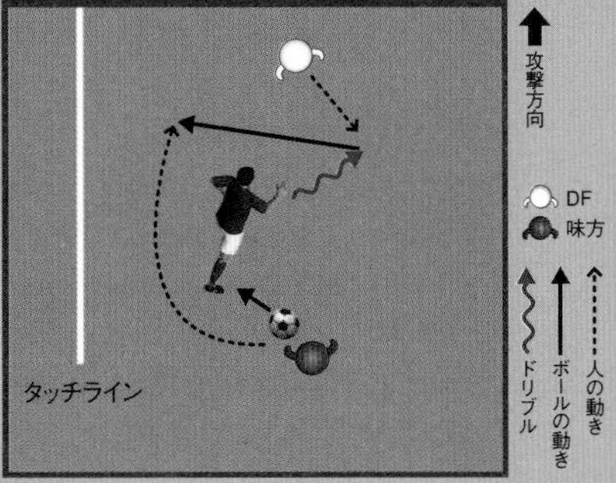

右にボールを持った味方、斜め前にDFがいる

味方から足元にパスが出る

中へドリブルしそうな雰囲気から、突然！

ピョンとジャンプして、体は中を向いたまま右足でパス

DAISUKE'S ADVICE

前に体重を乗せすぎると難しい 体重を後ろに残しておく感じで

このプレーはサイドでボールをもらって、DFが詰めてきたけど、外側を回り込む味方にパスを出したいというところでよくやる。片足立ちになるので、ボディバランスがすごく大事だね。体が前のめりになっていると外側に蹴りづらい。体重を後ろに残すと、上半身が起きた状態で蹴れるのでコントロールがつきやすくなる。

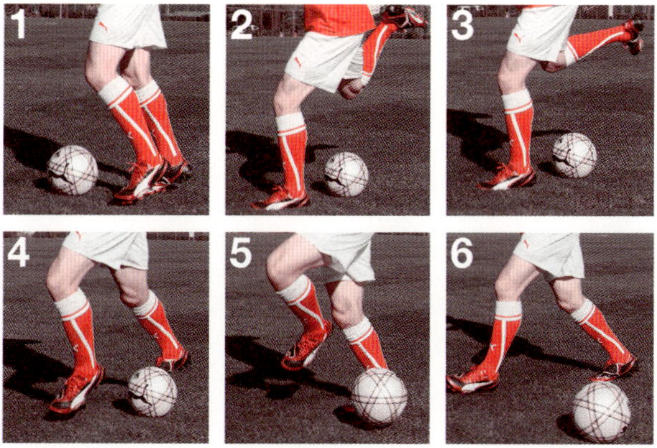

ボールに当てる場所はインサイドでもヒールでもOK。覚えておいてほしいのが、インパクトしながら軸足を前に飛ばしてパスの“通り道”を作ること。これが自然とできるようになれば、ボールを自分でカットしてしまうプレーがなくなる。

TECHNICAL テクニカル解析 ANALYSIS

自分からボールに寄りながらトラップする

味方は外側からふくらんで前方に走り込む

DFは意表を突かれる

味方がスペースに出たボールを追いかける

OFFENCE SKILL 40 ノールック系

ドリブルから繰り出すパス

DVD収録

球乗りパス

難易度　実戦度　おしゃれ度

ドリブルに織り交ぜてDFの裏をかけ！

　ドリブルベーシック編で紹介した「軸当て裏街道」（P46）の応用技。ドリブル技をパス技として使える場合もあるので、自分なりにアレンジしてみると面白いだろう。

　足裏でグッと踏みつけて引いたボールを、右足に当てて押し出す。モーションが小さいので、ドリブルに織り交ぜて使えば、DFの裏をかける。ゴール前の混戦に突っ込んでいったときには、スルーパスとしても使える。

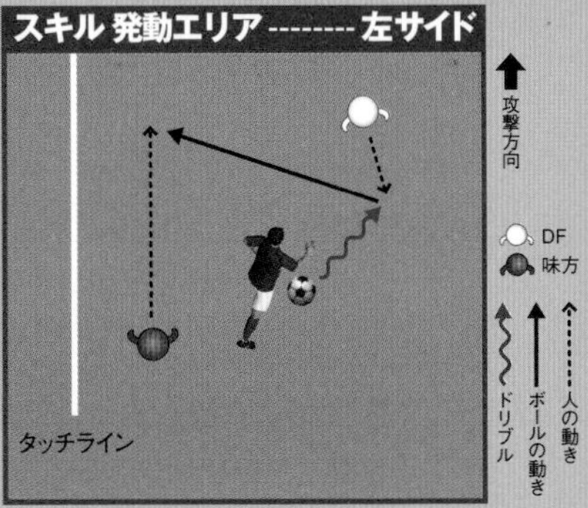

左サイドから仕掛けるところ。外に味方がいる

右アウトでボールを出して中へ切り込む

前方にあるボールを左足裏で止める

左足裏で右足のある位置に引き込んで……

DAISUKE'S ADVICE

右足のインにしっかりと当てる 足裏で引いたパワーを生かそう

普通にパスを出すよりも、その前にボールを引く動きを加えることで、DFの足を一瞬止めることができる。それによって、パスが出た先の味方がよりフリーな状態でボールを受けられる。左足裏でボールを引くところは“球乗り”するようなイメージ。左足裏→右足、右足裏→左足と両方のパターンでできるようにしよう。

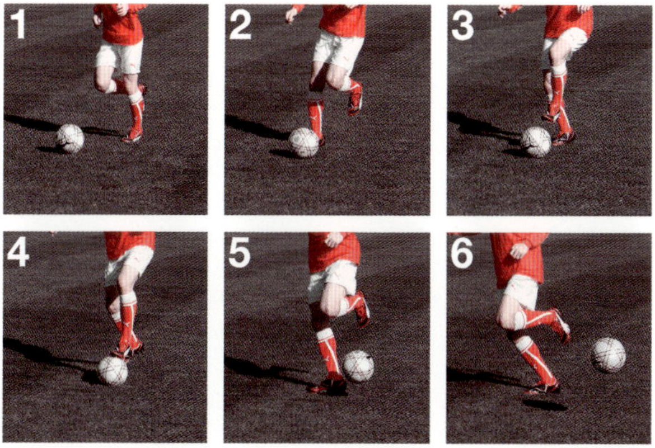

「フラミンゴパス」(P112)と同じようにボールに当てる場所はヒールでもインサイドでもOK。蹴り方は右足を押し出すというよりは、左足裏で引いたボールを、残っている右足にぶつけるようなイメージ。左足と右足の動きを連動させる。

TECHNICAL テクニカル解析 ANALYSIS

ドリブルのスピードを上げていく

DFとの距離が近くなったところで……

左足で引いたボールを、右インで押し出してパス

スペースに出たボールに味方が走り込む

OFFENCE SKILL 41 ノールック系

DVD収録

DFを背負ってもキラーパス！

シュリンプヒールパス

難易度　実戦度　おしゃれ度

パスを出すための “最速”の選択肢

07ー08シーズンのロリエ戦で実際に行ったプレー。ゴールを背にして浮き球のパスを胸トラップし、右ヒールで裏のスペースに蹴り上げるという、松井の真骨頂ともいえるトリッキーパスだ。

DFに背中を向けているので、何をするか読まれにくいのがメリット。前を振り向くと時間がかかるし、味方がオフサイドになる可能性もある中で最速の選択肢だった。

スキル 発動エリア --------ゴール前

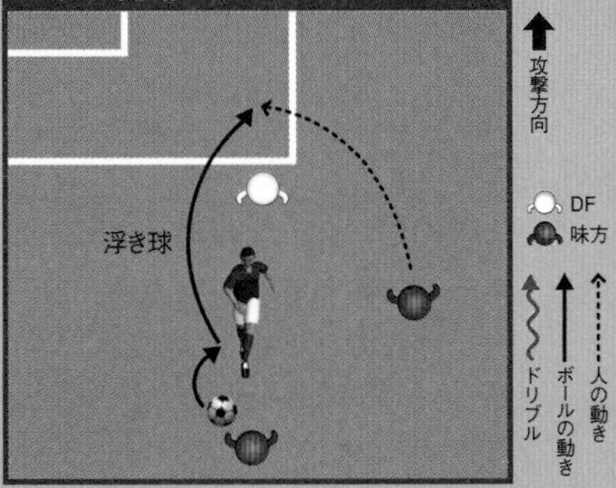

ゴール前でDFを背負っている

浮き球のボールを胸で迎えにいく

落ちてくるボールにタイミングを合わせて……

地面と蹴り足が水平になった位置でミートする

DAISUKE'S ADVIC

しっかり胸でコントロールして ボールをよく見て半身で蹴ろう

一見トリッキーで派手に見えるかもしれないけど、このようなプレーをするには、止める・蹴るという基本的な技術を磨くことがいちばんの近道になるんだ。

浮き球を胸でトラップして、ボールが落ちてきたところで体を半身にしてヒールに当てる。正確な胸トラップと正確なヒールキック、両方の技術が必要だ。

TECHNICAL テクニカル解析 ANALYSIS

胸トラップでボールを下に落とすと、右足を準備するための時間ができないので、背筋を伸ばして胸を張って弾くようにする。ミートポイントはカカト近くのアウトサイド。ミートする足が地面と水平になるぐらいに寝かせたほうが、ボールのコントロールがつきやすい。

ジャンプしながら胸トラップ

ボールは空中に跳ね上がる

ボールの目標地点はDFの裏のスペース

味方が走り込んでシュートへ

OFFENCE SKILL 42 ノールック系

カカトから飛び出すボール

DVD収録

ピクシーヒールパス

難易度　実戦度　おしゃれ度

右足で浮かせて左足で蹴り上げる

この技を見た人は「どうやってやったの？」と目を丸くするはず。体の後ろに置いたボールを、右足で浮かせて、左足のカカトで蹴り上げる超高速プレーだ。

これは松井のサッカー少年時代のアイドルだった“ピクシー”ことストイコビッチのマネをしたものだという。難易度は本書の中でも最高レベルだが、チャレンジしてみる価値はアリ。さぁ、レッツトライ！

スキル 発動エリア -------- 左サイド

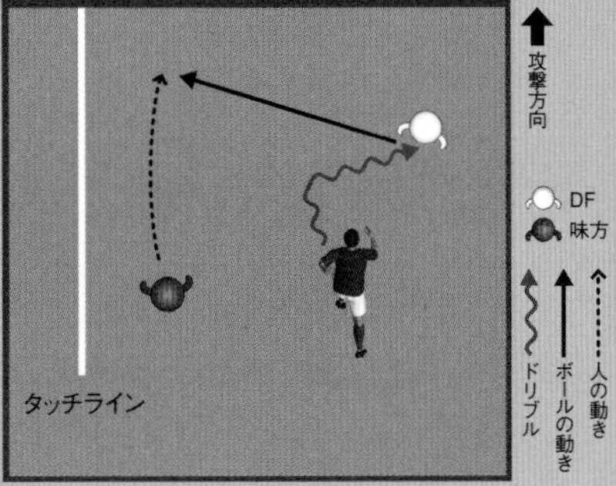

1

左サイドからドリブルで目の前のDFに仕掛ける

2

DFにジリジリと近づいていって……

5

右足を振り上げる。サイドチェンジしそうな雰囲気

6

だが、ボールは蹴らずに右インで軽く浮かせて……

DAISUKE'S ADVICE

右足で強く当てすぎないように 左足とのタイミングを合わせて

これはストイコビッチがやっていたのをマネしたもの。右足で蹴るようなモーションから、右足で軽く浮かせると同時に左足のヒールで蹴り上げる。「ババン！」というイメージ。ポイントはファーストタッチで強く当てすぎないこと。右足でフワッと持ち上げたところを、左足でバチーンと叩くように蹴ると飛ぶぞ。

右足と左足の連動性が命。右足でタッチしたボールを左足のカカトで蹴りやすい場所にコントロールできるかどうかに全てがかかっている。左足を振り上げるタイミングは速すぎても遅すぎてもダメ。右でタッチする前から振り上げる準備をしておく。

TECHNICAL テクニカル解析 ANALYSIS

右アウトで中へ切り返す

逆サイドのほうをチラッと見る

後ろに振り上げた左足のカカトでインパクト！

大きく上がったボールは左側の味方の元へ届く

EPILOGUE

みなさん、
「松井大輔のサッカードリブルバイブル」はどうでしたか？
楽しんでもらえたでしょうか？
僕にとってサッカーは楽しいものです。
ボールに触るのが楽しい、DFをかわすのが楽しい、
新しい技ができるようになるのが楽しい――。
サッカー少年の頃に感じた「楽しい」という気持ちを、
今も大事にしながらプレーしています。

ただ、勘違いしないでほしいのは、楽しむというのは、
へらへら笑いながらプレーするのではないということ。
一生懸命、心の底から頑張ってプレーすることで
本当の「楽しさ」は味わえるのです。

この本の中には、
僕がまだ試合で出したことのないテクニックも
たくさん入っています。
僕自身がこんな技ができたら楽しいだろうなと
思うものばかりですので、
何回も何回も見て、練習してほしいですし、
みなさんもぜひ試合の中で試してみてください。
それを僕が未来で見れることを
すごく楽しみにしています。

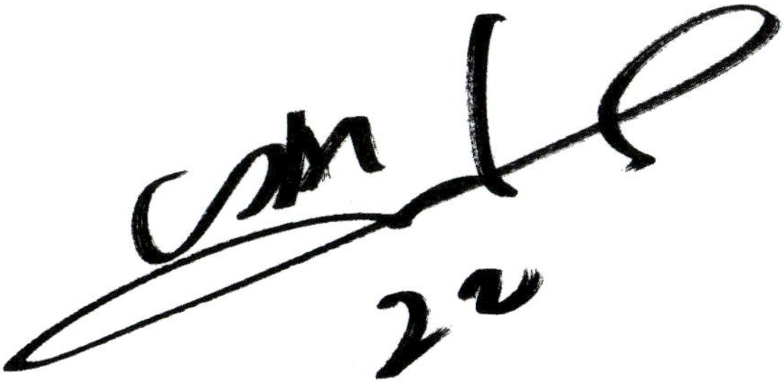

PROFILE

[監修]

松井 大輔

DAISUKE MATSUI

1981年５月11日、京都府出身。175cm、64kg。小学生の頃は、大宅スポーツ少年団に在籍。大宅中学校から藤森中学校への転校を経て、鹿児島実業高校に入学。00年に京都パープルサンガに加入し、若きファンタジスタとして注目される。04年にはフランスのル・マンに移籍し、卓越した攻撃センスと意外性のあるプレーで、チームの躍進に貢献した。「ル・マンの太陽」と称され、日本人として初めてフランス１部リーグの月間MVPを受賞している。08年にはASサンテティエンヌに移籍。日本代表においても中心選手としての活躍が期待されている。

[参考文献]
『Number』2003年4月3日号
『ストライカー』2006年1・2月号
『ジュニアサッカーを応援しよう！』2008年冬号Vol.7
『footballista』2008年11月5日号

OFFICIAL SITE

URL

http://www.matsuidaisuke.net/

松井大輔のオフィシャルサイト。日記では、メディアでなかなか見ることのできない、フランスでの生活や街並みが紹介され、サッカーについての本音も記されている。フランスリーグでの出場試合と、その最新結果も随時更新されているので、ぜひアクセスを！

Diary Daisuke's journal

Schedule Match schedule

[カンゼンのスポーツ書籍案内]

天才キッカー 岩本輝雄の
サッカー キックバイブル

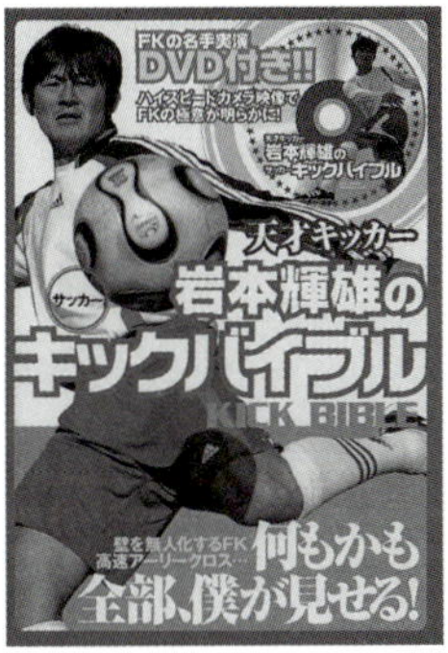

監修：岩本輝雄
定価：1,680円（税込）
ISBN：978-4-86255-007-1

DVD付

"蹴り" を極めたい人へ
スペシャリストが伝授！

日本屈指のフリーキックの名手・岩本輝雄のキック技をDVDでわかりやすく解説。プロの超絶テクをすべて見せます！

リフティング王 土屋健二の
ジュニアサッカー リフティング教室

監修　土屋健二
定価：定価1,680円（税込）
ISBN：978-4-901782-99-9

DVD付

DVD＆マンガで
リフティングのすべてがわかる！

ペレからも賞賛されたリフティング技術を持つ男、土屋健二の最新刊！　楽しく覚えて実戦で使える教本です。

リフティング王 土屋健二の
サッカー フェイントバイブル

監修：土屋健二
定価：1,680円（税込）
ISBN：978-4-901782-85-2

DVD付

フェイントで
守備の壁を突破せよ！

型通りのフェイントではなく、体の揺れを使った実戦的なフェイントを伝授するDVD付バイブル。

リフティング王 土屋健二の
サッカー リフティング&ジンガバイブル

監修：土屋健二
定価：1,680円（税込）
ISBN：978-4-901782-48-7

DVD付

リフティングで
サッカーが上達する！

体の揺れを使った独特のリフティングと、足にボールが吸いつくジンガ・テクニックまで、驚愕の技を解説。

サッカープレー革命2
DVD超実戦編

監修：常歩（なみあし）研究会　著者：河端隆志／中村泰介／小田伸午
定価：1,764円（税込）
ISBN：978-4-86255-021-7
DVD付

二軸感覚を完全マスター！！
ワールドクラスの選手を目指せ！

世界と互角に戦うために、“二軸感覚”を身につけよう。書籍とDVD映像で、すべてのプレーに革命が起こる！

DVD 小・中学生のための
走り方バイブル

著者：伊東浩司／山口典孝
定価：1,575円（税込）
ISBN：978-4-86255-009-5
DVD付

かけっこで一等賞！
スポーツでヒーローになれる！

元オリンピック代表選手・伊東浩司氏直伝！ ジュニアのための“走りの極意”を解説する。

地域スポーツクラブのマネジメント

著者：谷塚 哲
定価：1,785円（税込）
ISBN：978-4-86255-022-4

これ１冊でクラブ運営の
すべてがわかる！

日本初の地域スポーツマネジメント本格ガイド。クラブ設立から運営まで、すべてのノウハウを伝授！

クイズでサッカートレーニング！

監修：財団法人日本サッカー協会
定価：1,050円（税込）
ISBN：978-4-86255-013-2

遊びながら学べる
サッカーのニューバイブル！

基本ルール、戦術用語、フィジカルと様々なクイズを収録！ ルールを覚えることがグッドプレーヤーへの近道。

松井大輔のサッカー ドリブルバイブル

DVD 抜き技&魅せ技スペシャル

監修　松井 大輔

構成・文　北 健一郎
デザイン　浅野 実子（いきデザイン）
写真　高橋 学
CG加工　森脇 隆（DESIGN-OFFICE OURS）
CGキャラクター製作　SSC
衣装提供　PUMA

DVD撮影・編集　中丸 陽一郎
DVDオーサリングマネージメント　K.N.コーポレーションジャパン

取材・撮影協力　T.Personal Inc.
稲毛海浜公園スポーツ施設
撮影モデル　島田 達郎

発行日　2009年3月24日　初版

監修　松井 大輔
発行人　坪井 義哉
発行所　株式会社カンゼン
〒101-0021
東京都千代田区外神田2-7-1 開花ビル4F
TEL 03（5295）7723
FAX 03（5295）7725
http://www.kanzen.jp/
郵便振替　00150-7-130339
印刷・製本　株式会社シナノ

ISBN 978-4-86255-028-6
Printed in Japan
定価はカバーに表示してあります。

本書に関するご意見、ご感想に関しましては、**kanso@kanzen.jp**まで
Eメールにてお寄せ下さい。お待ちしております。